編者弁言

一、本書係根據民國七十二年七月教育部公布之「高級中學三民主義課程標準」及「五年制專科學校　國父思想課程標準」，並參酌有關教材資料輯編而成。可作為高中、高職、五專、以及同等學力學生研習三民主義之課本。

二、本書主旨在闡明三民主義基本要義及其實行方法，使學生認識三民主義之時代意義及其與復國建國之關係，以加強對主義之信仰與實踐。

三、本書內容計共六章、三十五節。第一章「緒論」，計四節；第二章「民族主義」，計四節；第三章「民權主義」，計九節；第四章「民生主義」，計十節；第五章「五大建設」，計五節；第六章「結論」，計三節。其立論完全以　國父遺教、先總統　蔣公言論、中華民國憲法、以及國家現行法令、政策為依據；力求融會貫通，體系完整，條理分明，敘述簡賅，文字淺顯，便於易學易記。凡書中徵引之　國父遺教及先總統　蔣公言論，均於課文中直接以括弧（）詳細註明其出處，俾供查考。

四、本書於每節之末附有參考題，將歷年普考、特考以及同等程度各種考試有關試題，均分別摘錄，藉供預習、複習及應考參閱之用。

五、本書之成，承現任教於國立臺灣師範大學公民訓育學系之林金朝、鄧毓浩二兄大力協助，謹此致謝。書中疏漏，在所難免，尚冀先進碩彥，不吝教正是幸。

涂子麟　謹識

三民主義要義

涂子麟　著

三民書局

國家圖書館出版品預行編目資料

三民主義要義／涂子麟著.－－再版二刷.－－臺北市:
三民, 2016
面;　公分.

ISBN 978-957-14-0100-3　(平裝)

1.三民主義

005

© 三民主義要義

著作人　涂子麟
發行人　劉振強
著作財產權人　三民書局股份有限公司
發行所　三民書局股份有限公司
地址　臺北市復興北路386號
電話　(02)25006600
郵撥帳號　0009998-5
門市部　(復北店)臺北市復興北路386號
(重南店)臺北市重慶南路一段61號

出版日期　初版一刷　1987年9月
再版一刷　1994年2月
再版二刷　2017年1月
編號　S 000200
行政院新聞局登記證局版臺業字第〇二〇〇號

ISBN　978-957-14-0100-3　(平裝)

http://www.sanmin.com.tw　三民網路書店
※本書如有缺頁、破損或裝訂錯誤,請寄回本公司更換。

三民主義要義　目次

第二章　民族主義

第四章　民生主義

第一章　緒　論

第一節　主義與三民主義

一、主義的意義

㈠**主義的定義**　國父說：「主義就是一種思想、一種信仰和一種力量。大凡人類對於一件事，研究當中的道理，最先發生思想；思想貫通以後，便起信仰；有了信仰，就生出力量。所以主義是先由思想再到信仰，次由信仰生出力量，然後完全成立。」（民族主義第一講）這是主義最簡明的定義。先總統　蔣公曾將「主義」解釋爲「道」。他說：「用現代名詞來說明這個『道』字，那我以爲這個『道』，就是『主義』。」（孫子兵法與古代作戰原則以及今日戰爭藝術化的意義的闡明）何謂「道」呢？簡單說，道就是道理，道就是道路。所謂「道理」，就是指原理、原則而言；所謂「道路」，就是指方針、方法而言。由此可知，主義的意義，淺顯的說，就是我們解決問題的原則和方法。例如　國父說：「三民主義就是救國主義。」（民族主義第一講）那就是說三民主義就是我們救國的原則和方法。也可以說三民主義就是我們救國的道理和道路。

㈡**構成主義的要素**　思想、信仰和力量是構成主義的三要素，這三要素不能分開，並且是一個產生一個，有其一定的順序。因爲有了貫通的思想，方能產生堅定不移的信仰，然後才能發生極大的行動力量，解決問題，達到目的。譬如說，中國同時存在著民族、民權、民生三個問題，於是我們要想辦法來解決這三個問題，這用心想辦法來解決問題，就是思想。而在許多想出來解決問題的辦法之中，我們要選定一個最適當的辦法，並且相信這選定的辦法是唯一最有效的辦法，這就是信仰。最後我們就決定用這個辦法付之行動，因此產生了極大的力量，徹底解決了要解決的三個問題，達到了救中國的目的。所以說：思想、信仰、力量是構成主義的三要素。

二、三民主義的意義

㈠**三民主義就是救國和建國的主義**　這個定義是就三民主義的目的來說的。就救國言，　國父說：「三民主義就是救國主義。」「何以說三民主義就是救國主義呢？因爲三民主義係促進中國之國際地位平等，政治地位平等，經濟地位平等，使中國永久適存於世界，所以說三民主義就是救國主義。」（民族主義第一講）　國父當立志革命時，中國在滿清專制統治下，「強鄰環列，虎視鷹瞵，久垂涎於中華五金之富，物產之饒，蠶食鯨吞，已效尤於接踵；瓜分豆剖，實堪慮於目前。有心人不禁大聲疾呼，亟拯斯民於水火，切扶大厦之將傾。」（檀香山興中會成立宣言）所以興中會就以「驅除韃虜，恢復中華，創立合眾政府」爲秘密誓詞。其後同盟會成立，更明揭「驅除韃虜，恢復中華，建立民國，平均地權」四大綱，這是三民主義的最初涵義，也是　國父組黨革命的最初目的。直到民國十三年　國父演講三民主義，仍認為中國有「亡國滅種」的危機，所以「救國」實為三民主義最根本的目的。就建國言， 國父在「建國大綱」中明白揭示：「國民政府本革命之三民主義、五權憲法，以建設中華民國。」由此可見三民主義也就是建國的主義。所以三民主義是救國和建國的主義。

㈡**三民主義就是民族主義、民權主義、民生主義** 這個定義是就三民主義的構成內容來說的。因為主義是用來解決人類問題的， 國父創立三民主義，就是要用來同時解決中國所面臨的民族、民權、民生三大問題。而此一定義，不僅顯示出三民主義涵蓋的內容，並且顯示出三民主義構成的順序和特徵。就順序言， 國父指出：「世界各國都是先由民族主義進到民權主義，再由民權主義進到民生主義。」（三民主義為造成新世界之工具）就特徵言， 國父說：「各國的革命黨，只有抱一個主義，或是兩個主義的，向來沒有抱三個主義的；有，就算我們國民黨是第一了。」（三民主義之具體辦法）所以 國父說：「三民主義就是民族主義、民權主義、民生主義。」（三民主義為造成新世界之工具）這個定義，最為確切明瞭，也最能表現三民主義的特徵。

㈢**三民主義就是平等和自由的主義** 這個定義是就三民主義的精神來說的。因為平等是自由的基礎，沒有平等就不會有自由。 國父說：「民族主義者打破種族上不平等之階級也，民權主義者打破政治上不平等之階級也。若夫民生主義，則為打破社會上不平等之階級也。」（軍人精神教育）又說：「民族主義就是拿中國要做到同現在列強處在平等地位，就是從國際上列在平等地位。民權主義就是要拿本國的政治，弄成到大家在政治上有一個平等地位，以民為主，拿民來治國家。民生主義就是要弄到人人生計上經濟上平等。」（同胞都要奉行三民主義）因此 國父說：「革命黨所主張的三民主義，是很容易明白的，這三種主義可以一貫起來，一貫的道理，都是打不平等的。」（救國救民之責任在革命軍） 國父又曾說過：「三民主義的精神，就是要建設一個極和平、極自由、極平等的國家。」（社會問題）他的革命目的，乃在「求中國之自由平等」（國父遺囑），所以 國父說：「三民主義就是平等和自由的主義。」（三民主義爲造成新世界之工具）「平等和自由」乃是三民主義的根本精神所在。

三、三民主義與其他政治理念的關係

㈠**三民主義與民有、民治、民享**　國父說：「兄弟所主張底三民主義，實在是集合古今中外底學說，順應世界潮流，在政治上所得的一個結晶品。這個結晶的意思，和美國大總統林肯所說底：of the people, by the people, and for the people, 的話是相通的。這句話的中文意思，沒有適當的譯文，兄弟就把它譯作：民有、民治、民享。」（三民主義之具體辦法）而「民有、民治、民享的意思，就是國家是人民所共有，政治是人民所共管，利益是人民所共享。」（民生主義第二講）何以三民主義與民有、民治、民享相通呢？　國父說：「民族卽民有也。天下者，天下人之天下，非一二人所可獨佔。民權卽民治也。從前之天下，在專制時代，則以官僚武人治之，本總理則謂人人皆應有治之之責，亦應負治之之責，故余極主張以民治天下。民生卽民享也。天下既爲人人所共有，則天下之權利，自當爲天下人人所共享。」（黨員須宣傳革命主義）所以說，三民主義與民有、民治、民享的意思，是完全相通的。

㈡**三民主義與自由、平等、博愛**　國父說：「用我們三民主義的口號和法國革命的口號來比較，法國的自由和我們的民族主義相同，因爲民族主義是提倡國家自由的。平等和我們的民權主義相同，因爲民權主義是提倡人民在政治上之地位都是平等的，要打破君權，使人人都是平等的，所以說民權是和平等相對待的。此外還有博愛的口號，這個字的原文是『兄弟』的意思，和中國『同胞』兩個字是一樣解法，普通譯成博愛，和我們的民生主義是相同的。因爲我們的民生主義，是圖四萬萬人幸福的，爲四萬萬人謀幸福就是博愛。」（民權主義第二講）總之，「法國革命的時候，他們革命的口號是自由、平等、博愛三個名詞，好比中國革命，用民族、民權、民生三個主義一樣。」（同上）

㈢**三民主義與情、理、法**　先總統　蔣公說：「依照三民主義，在民族方面說：人類感情中最值得重視的一種感情，是民族的感情；因爲民族是天然力所造成的，所以團結民族，就要靠人類天然具有的情感。就民權來說：人類組織的最良法紀，是全民政治——卽民權主義的政治，要規定各個國民的義務和權利，就全靠法制和紀律來作平準的標尺。就民生來說：人類生活中最合理的方式，是一切人民經濟平等，無相互壓迫榨取之事，而且要使社會上大多數利益相調和，能夠眞正做到均無貧，和無寡，安無傾的地步；這不能專靠感情，亦不能完全依靠法律，而必訴之於判別是非利害之理性。」（三民主義之體系及其實行程序）所以說：「民族主義本乎情，民權主義本乎法，民生主義本乎理。」（同上）

四、三民主義的本質

先總統　蔣公在「三民主義的本質」一文中，指出「倫理」、「民主」、「科學」爲三民主義的本質，「是三民主義的精神所在，也是達到三民主義必經的途徑。」

㈠**民族主義的本質爲倫理**　國父說：「民族思想是根於天性。」又說：「民族主義，卻不必要什麼研究才會曉得的，譬如一個人，見著父母總是認得，決不會把他當作路人，也決不會把路人當作父母。民族主義也是這樣，這是從種性發出來，人人都是一樣的。」（三民主義與中國民族之前途）　蔣公認為：「這裏所指的『天性』、『種性』，換言之，就是倫理的根源，亦就是民族的基礎。」（三民主義的本質）而且人類感情中最值得重視的一種感情，就是民族的感情，因為民族是天然力造成的，所以團結民族要靠人類天然具有的感情，而這種感情的具體表現，就在倫理的關係中。所以　蔣公認為：「倫理確是民族主義的立足點，而實行民族主義也正是倫理高度發揚的極致的表現。」（同上）

㈡**民權主義的本質為民主**　國父說：「余之民權主義，第一決定者為民主，而第二之決定，則以為民主專制必不可行，必立憲而後可以圖治。」（中國革命史）　蔣公認為：「在民權主義中有幾個特點，第一就是全民政治，第二是權能區分，第三是五權分立，第四是中央與地方均權，第五是地方自治。」而世界上各個不同的民主政治，都有他的缺陷與流弊，只有民權主義，「才是眞正全民的民主政治。」而且民權主義的民主，其基本精神「就是自由與獨立，亦是權利與義務。」就是要以「更多的民主，去革除民主的流弊。」（三民主義的本質）

㈢**民生主義的本質為科學**　國父說：「凡事都是要憑科學的道理，才可以解決，才可以達到圓滿的目的。就是講到社會問題的解決方法，也要從科學方面研究清楚了之後，才可以得出結果來。」（民生主義第一講）所以　蔣公說：「實行民生主義的兩個方法：一個是平均地權，一個是節制資本。無論平均與節制，都要用科學的方法和精神來從事，尤其是要在民生的食、衣、住、行四大需要上，去從事科學的計畫、科學之管理與科學之發展。」（三民主義的本質）又說：「因為民生主義，是全要用科學的方法和科學的精神，來促進民生主義實行的各種設施。」「實行民生主義，就必先從發達科學來著手。」（同上）所以說科學就是民生主義的本質。

參考題

❶ 什麼是主義？（五十七年丁等退除役特考）

❷ 何謂主義？何謂三民主義？（五十九年丁等退除役特考）

❸ 構成主義的三要素爲何？（五十九年丁等退除役特考、六十八年普考）

❹ 何以說三民主義就是救國主義？（五十七年丁等退除役特考、五十七年電信特考、五十八年丁等特考、六十四年丙等退除役特考、六十四年丙等關務特考、六十四年鐵路特考、六十五年公務員升等考、六十五年丁等警察特考、六十六年丁等退除役特考、七十年丙等退除役特考、七十一年丙等基層特考）

❺ 國父說：「三民主義就是救國主義」，試申言其義。（五十八年電信特考、六十三年丙等關稅暨稅務特考、六十七年電信特考）

❻ 實行三民主義何以能使中國永久適存於世界？（六十三年國際商銀助員級行員考試）

❼ 三民主義何以能救中國又可救世界？試申述之。（六十四年丙等關務特考、六十八年丙等基層特考）

❽ 三民主義何以是平等的主義？試言其故。（五十五年中教檢定考試）

❾ 試闡明三民主義與民有、民治、民享相通的道理。（六十四年普考）

❿ 三民主義就是林肯的什麼主張？（六十八年普考）

⑪ 三民主義與自由、平等、博愛有何關係？試就　國父見解答之。（六十三年普考）
⑫ 三民主義的本質爲何？（六十八年普考、七十年丙等基層特考）
⑬ 總統　蔣公說：「倫理、民主、科學是三民主義的本質。」試述之。（六十二年普考）
⑭ 何以民族主義的本質爲倫理？試扼要說明之。（五十五年中敎檢定考試、六十七年丙等關稅特考）
⑮ 何以科學爲民生主義的本質？試扼要說明之。（六十五年丙等基層特考、六十六年普考）

第二節　三民主義的思想淵源

國父說：「余之謀中國革命，其所持主義，有因襲吾國固有之思想者，有規撫歐洲之學說事蹟者，有吾所獨見而創獲者。」（中國革命史）先總統　蔣公也說：「　總理的遺敎，是淵源於中國固有的政治與倫理哲學之正統思想，而同時參酌中國的國情，擷取歐美社會科學與政治制度之精華，再加以　總理自己獨自見到的眞理所融鑄的思想體系。」（國父遺敎概要）由此可見三民主義的思想淵源來自三方面，茲分述於次。

一、因襲吾國固有之思想者

國父說：「中國有一個道統，堯、舜、禹、湯、文、武、周公、孔子，相繼不絕，我的思想基礎，就是這個道統，我的革命，就是繼承這個正統思想來發揚光大。」（同上）這是　國父對我國正統思想的態度，也是繼承我國正統思想的明證。茲舉其重要者說明之：

㈠**仁愛思想**　仁愛爲儒家的根本思想。孔子說：「己欲立而立人，己欲達而達人。」「己所不欲，勿施於人。」這便是忠恕之道，便是推己及人，亦便是仁愛。孟子說：「仁者無不愛。」仁蘊於中而愛發於外，仁愛是中國幾千年來的至德，也是教育和政治的最後目的。　國父生平題字，最喜寫「博愛」二字，所謂「博愛」，便是人間最大的同情心，卽「仁」的最高表現。先總統　蔣公說：「　總理全部遺教係以民生爲中心，以仁愛爲基礎。」(同上)三民主義的根本思想，卽在於此。

㈡**中庸思想**　中庸思想卽是自堯舜禹湯一脈相傳的「人心惟危，道心惟微，惟精惟一，允執厥中」所謂十六字心傳。至孔子則集中庸之道的大成，其弟子子思更成「中庸」一書。程子說：「不偏之謂中，不易之謂庸，中者，天下之正道，庸者，天下之定理。」「中庸」最淺明之解釋，就是恰到好處，無過與不及。這是原則也是方法。　國父發明三民主義，卽是本此心傳，集古今中外學說之精華，順世界潮流之趨向，在政治上所得的一個結晶品。

㈢**民族思想**　國父曾說：「蓋民族思想，實吾先民所遺留，初無待於外鑠者也，余之民族主義，特就先民所遺留者，發揮而光大之，且改良其缺點。」(中國革命史)可見　國父的民族思想，是從中國固有的嚴夷夏之辨的春秋大義發展而來。

㈣**民本思想**　中國自古有一種民本思想，「國之本在民」，「民爲邦本，本固邦寧」的道理，向視爲天經地義。如書經上說：「天視自我民視，天聽自我民聽。」孔子言必稱堯舜，以其傳於賢，不傳於子，公天下於民。孟子的民本思想更爲澈底，他說：「民爲貴，社稷次之，君爲輕。」此種民本思想，形諸於事實者，首推湯武革命，　國父曾說：「湯武革命，順乎天應乎人，弔民伐罪，也都是求人民的幸福。」（知難行易）其民權主義思想和民權革命行動之受此影響，自不待言。

㈤**考試與監察制度**　考試與監察兩權的獨立行使，是中國政治制度獨具的優點。國父說：「歷代舉行考試，拔取眞才，更是中國幾千年的特色。」（民權主義第六講）又說：「像滿淸的御史，唐朝的諫議大夫，都是很好的監察制度。」（同上）國父就是引用我國固有之考試與監察制度，以創立五權憲法。

㈥**均產思想**　孔子主張「均無貧」。而周代的井田制，董仲舒的限民名田，北魏至隋唐的均田制，桑弘羊的鹽鐵官營，王莽的王田、五均、六管，王安石的靑苗法，都代表我國歷代的均產思想。所以國父說：「諸君或者還有不明白民生主義是什麼東西的，不知道中國幾千年以前，便老早有行過了這項主義的。像周朝所行的井田制度，漢朝王莽想行井田方法，宋朝王安石所行的新法，都是民生主義的事實。」（打破舊思想要用三民主義）

㈦**大同思想**　大同思想實爲我國偉大傳統文化的結晶，亦是我先民最高政治智慧與理想之表徵。其說見於禮記禮運篇：「大道之行也，天下爲公……是謂大同。」一百零七字的內容。國父說：「三民主義，吾黨所宗，以建民國，以進大同。」可見大同思想實爲三民主義的思想淵源。

二、規撫歐美的學說事蹟者

㈠**實際科學**　國父「幼嘗遊學外洋，於泰西之語言、文字、政治、禮俗，與夫天算輿地之學，格物化學之理，皆略有所窺。」（上李鴻章書）因而認爲外國的長處是科學。對於科學精神與科學方法有極深的體認。所以生平所擬的各種救國方案，無不具體可行，精密嚴謹，而有條理系統。

㈡**民族運動**　自羅馬帝國解體後，歐洲乃有民族文學與民族國家出現，逐漸成為民族主義運動。尤其是十八世紀末，北美十三州之脫離英國而獨立；十九世紀，義大利和德意志之相繼統一；第一次歐戰時，美國威爾遜總統之「民族自決」主張，激起全世界被壓迫民族紛紛掀起民族獨立運動等事蹟，都給予　國父提倡民族主義的刺激和鼓勵。

㈢**民主政治**　關於歐美民主政治思想和制度，例如盧梭的天賦人權說，孟德斯鳩的三權分立學說，彌勒氏的自由論，沙德的議事規則，威爾確斯的全民政治，喜斯羅的四權分立，瑞士的直接民權等，國父對之都有精密的研究。故　國父說：「以民立國之制，不可不取資歐美。」（中國革命史）

㈣**工業革命**　歐洲在十八世紀末至十九世紀初，發生工業革命。「自工業革命以後，機器發明，而生產之力為之大增，得有土地及資本之優勢者，悉成暴富，而無土地及資本之人，則轉因之謀食日艱，由是富者愈富，貧者愈貧，則貧富之階級日分，而民生之問題起矣。」（文言本三民主義）　國父為謀中國革命之一勞永逸計，乃提倡民生主義，卽一方面推行工業化以求富，一方面實施社會化以求均，以期預先解決民生問題（卽社會問題），而防社會革命於無形。

㈤**社會主義**　自十九世紀以來，歐美有心人士為解決社會問題，乃提倡各種社會主義。　國父民生主義的建立，無疑的是受了近代歐美社會主義思想的影響，例如亨利佐治的單稅社會主義，主張土地公有；馬克思主張資本公有；俾斯麥的國家社會主義，一面大企業國營，一面注重勞工福利。　國父擷取上列學說的精華，乃以民生主義代替社會主義，以期解決中國的社會問題。

三、國父所獨見而創獲者

㈠**知難行易學說**　「知難行易」學說是　國父獨創的思想方法。　國父不獨實用這種知難行易學說於政治建設方面，並且根本上實行一種心理上的大革命，把歷來學者偏於靜修的知行論根本推翻，掃除數千年來敷衍苟且迂闊的習性，以「行」爲達到革命建國的途徑。

㈡**民生史觀**　國父在民生主義第一講中，從批評馬克斯唯物史觀的錯誤，而提出民生史觀，認爲民生爲歷史社會的中心，經濟利益相調和爲社會進化的原因。雖然　國父曾引用威廉社會史觀的意見，但從他所說「這位美國學者最近發明，適與吾黨主義，若合符節。」（民生主義第一講）的話來看，顯然　國父只是引用威廉的話，來證明民生史觀的正確。

㈢**革命民權**　國父認爲盧梭的天賦人權說，對於打破「君權神授」說有很大的功勞，但批評盧梭的理論，缺乏歷史的事實爲根據，他認爲「民權不是天生出來的，是時勢和潮流所造就出來的。」（民權主義第一講）因此他主張革命民權，「必不輕授此權於反對民國之人，使得藉以破壞民國。」（中國國民黨第一次全國代表大會宣言）

㈣**五權憲法**　國父說：「五權憲法是兄弟所獨創，古今中外各國從來沒有講過的。」（五權憲法）又說：「兄弟當亡命各國的時候，便很注意研究各國的憲法。研究所得的結果，見得各國憲法，祇有三權，還是很不完備，所以創出這個五權憲法，補救從前的不完備。」（同上）可見五權憲法是　國父的新見解。

㈤**權能區分**　近代學者認爲人民權力與政府權力不易平衡，難得兩全其美，國父特創「權能區分」理論以解決之。國父說：「我們革命，主張實施民權，對於這個問題，我想到了一個解決的方法。我的解決方法，是世界上學理中第一次的發明。……這是什麼方法呢？就是權與能要分別的道理。這個權能分別的道理，從前歐美的學者都沒有發明過。」（民權主義第五講）足證「權能區分」是國父在政治學理上的新發明。

㈥**實業計畫**　國父於民國八年（一九一九年）所著「實業計畫」一書，實爲世界倡行計畫經濟的先驅。其時蘇俄尚在軍事共產時期，所以國父的「實業計畫」，爲世界有計畫經濟之始。其爲國父的新見解，自不待言。

參考題

❶ 國父自己說出，其所持主義，思想淵源爲何？（六十八年普考）

❷ 試述三民主義之思想淵源及其終極目的。（五十五年中教檢定考試）

❸ 民生主義爲政治中心，在我國固有學說中有何思想淵源？（五十七年中教檢定考試）

❹ 試就民權主義規撫歐洲學說事蹟者，說其所知。（五十五年中教檢定考試）

❺ 略述　國父所獨見而創獲的重要思想。（五十八年普考）

第三節　三民主義的創立

一、國父的求學經過與治學方法

㈠**求學經過**　國父的求學生活，可概分爲下述三個時期：

1. 鄉塾啟蒙時期　七歲啟蒙，讀「三字經」、「千字文」。十歲正式就讀於鄉塾，授以四書五經，十三歲讀畢。　國父在鄉塾啟蒙求學時期，不僅表現出聰慧過人，勤奮力學，酷愛眞理，追根究底之性，而且顯其天賦的感悟力和正義感。其時，太平天國老兵尚多散隱民間，　國父喜聽洪楊革命軼事，深慕洪秀全之爲人，慨然有光復漢族的志願。

2. 檀島求學時期　十三歲隨侍楊太夫人赴檀香山，開始接受新的教育和西洋文化，於　國父畢生的事功與學問，均有深刻的影響。　國父留檀島後，先入意奧蘭尼書院（Iolani College），再入阿湖書院（Oahu College）。　國父原擬於畢業後，留學美國深造，兄德彰恐其出國太久，洋化過深，乃令　國父回國求學，時爲民前二十九年（一八八三年）。　國父留檀島五年，曾說：「至檀香山，就傅西校，見其教法之善，遠勝吾鄉，故每課暇，輒與同國同學諸人，相談衷曲，而改良祖國，拯救同羣之願，於是乎生。當時所懷，一若必使我國人人皆免苦難，皆享福樂而後快者。」（非學問無以建設）可見　國父當時已有改造祖國，救世濟民之心了。

3. 港穗習醫時期　民前二十八年（一八八四年）秋，　國父入香港拔萃書室習英文，課餘從道濟會堂長老區鳳墀治國學。次年三月，轉入皇仁書院。民前二十六年（一八八六年）秋，決定學醫，考入廣州博濟醫院附設之南華醫學校。次年二月再轉入香港新設之西醫書院肄業，至民前二十年（一八九二年）七月以第一名畢業。這一時期對於 國父一生革命事業的影響甚大：

⑴當時西醫書院的教務長康德黎博士（Dr. James Cantile）對 國父極爲器重，後來 國父在倫敦蒙難，爲康德黎營救脫險。

⑵國父在西醫書院研讀自然科學與醫術，深植了西方科學的基礎。此外於法國革命史、達爾文進化論等，皆所喜讀，對於中國地理，尤所究心，五年時間，奠定了革命學術的基礎。

⑶國父的革命救國思想，雖萌發已久，但醞釀成熟，無疑的是在香港習醫時期。 國父曾說：「我之思想發源地卽爲香港。至於如何得之，則三十年前在香港讀書，暇時輒閒步市街，見其秩序整齊，建築閎美，工作進步不斷，腦海中留有甚深之印象。我每年回故里香山二次，兩地相較情形迥異，香港整齊而安穩，香山反是。……何以如此不同？……研究結果，知香港政府官員皆潔己奉公，貪贓納賄之事絕無僅有，此與中國情形正相反。……我因遂作一想曰：曷爲吾人不能改革中國之惡政治焉？……由此可知我之革命思想，完全得之香港也。」（革命思想之產生）

㈡**治學方法** 國父說：「近來大科學家考察萬事萬物，……方法有兩種：一種是用觀察，卽科學；一種是用判斷，卽哲學。人類進化的道理，都是由此兩種學問得來的。」（民權主義第一講）由此可知，國父治學方法是科學方法與哲學方法並用。

1.科學方法 所謂科學方法不外觀察、實驗、分析、比較、歸納、證實等方法，而以觀察法爲最基本，所以　國父說：「用觀察，卽科學。」又說：「凡眞知特識，必從科學而來。」（孫文學說）而科學以事實爲根據，離開事實卽無科學方法可言，所以　國父又說：「我們要拿事實做材料，才能够定出方法，如果單拿學理來定方法，這個方法是靠不住的。這個理由，就是因爲學理有眞的有假的，要經過試驗才曉得是對與不對。好像科學上發明一種學理，究竟是對與不對，一定要做成事實，能够實行才可以說是眞學理。」（民生主義第二講）　國父的三民主義就是用這種「拿事實做材料」的科學方法來創立的。

2.哲學方法　依　國父之意，哲學方法就是判斷，因爲從哲學看，一種知識就是一種判斷，否則如何能認取此種知識。判斷是推理的基礎，推理由判斷發展並累積而成，是由已知推求未知，必須合乎理則，這是哲學方法的靈魂。　國父治學是非常看重推理的，曾說：「從此觸類旁通，舉一反三，以推求眾理。」（實業計畫序）「依進化的道理推測起來，人是由動物進化而成。」（國民以人格救國）「不專看書本的歷史，要去看石頭看禽獸和各地方野蠻人的情狀，便可推知我們祖宗是一個什麼樣的社會。」（民權主義第一講）可見　國父是看重判斷，看重推理的，也是　國父運用哲學方法治學的證明。

二、三民主義形成的時代背景

國父說：「余之革命主義內容，賅括言之，三民主義、五權憲法是已。苟明乎世界之趨勢，與中國之情狀者，則知余之主張，實爲必要而且可行也。」（中國革命史）可見三民主義產生的時代背景有世界潮流和中國環境兩方面的事實爲根據。

㈠適應世界潮流的趨向　國父說：「余維歐美之進化，凡以三大主義：曰民族、曰民權、曰民生。

羅馬之亡，民族主義興，而歐洲各國以獨立；洎自帝其國，威行專制，在下者不堪其苦，則民權主義起，十八世紀之末，十九世紀之初，專制仆而立憲政體殖焉；世界開化，人智益蒸，物質發舒，百年銳於千載，經濟問題繼政治問題之後，則民生主義躍躍然動，二十世紀不得不為民生主義之擅場時代也。」（民報發刊詞）由此可見三民主義形成的時代背景即是由於近代歐美先後有民族、民權、民生三大問題的發生所促成。

1. 民族獨立運動勃興　歐洲於西元前二十七年，建立羅馬帝國，統治若干民族。其後東西羅馬分治，西羅馬帝國因蠻族入侵而滅亡，歷史便進入了中世紀。各蠻族國王以所征服的土地作為諸侯采邑，於是形成封建制度。當時他們地方觀念非常濃厚，迨羅馬教皇號召組織十字軍東征，多次與外界接觸，民族意識即漸顯明。中世紀末葉，東羅馬帝國滅亡，歐洲各民族即紛起獨立，對外解脫帝國統治，對外消除諸侯割據，先後在西班牙、英國、法國……出現了民族國家。不幸這些新興的民族國家，因襲羅馬帝國霸道的老路，競向歐洲以外擴張，瘋狂開拓其殖民地，引起了新的民族問題。第一次世界大戰時，被壓迫民族普遍覺醒，紛紛掀起民族獨立運動，形成一種世界性的潮流。

2. 民主主義思潮發展　歐洲自從民族國家建立以後，君主專制逐漸發達起來，人民遭受嚴重的壓迫，於是產生許多大思想家洛克、孟德斯鳩、盧梭等人，鼓吹民權，對於民心的啟廸，影響甚大。由於君主專制和民權思想的衝突日甚，而引發英、美、法各國的民權革命，此後歐洲各國民權革命運動相繼發生，民主的浪潮益形澎湃，幾傳布於全世界。

3. 社會革命運動肇始　十八世紀末，英國發生了工業革命，改手工，用機器，從事大規模生產，這不僅是生產技術的一大變革，而且是社會經濟的一大變革，迅速地由英國傳到歐陸的德、法及新大陸的美國。於是不少學者，從事經濟的研究，在社會科學中，建立起經濟學。初期的經濟學說，大都是以人類的自利心爲根據所提出，主張個人主義、自由主義和放任主義，結果形成以賺錢爲目的的資本主義。在資本主義制度下，財富逐漸集中，貧富日益懸殊，勞資發生衝突，社會問題發生，社會主義乃乘隙而起，社會革命運動亦風起雲湧。

㈡**合乎中國環境的需要**　三民主義的形成不僅適應世界潮流的趨向，而且合乎中國環境的需要，因爲中國同時有民族、民權、民生三大問題。當時中國環境惡劣，「堂堂華國，不齒於列邦，濟濟衣冠，被輕於異族。……政治不修，綱維敗壞，朝廷則鬻爵賣官，公行賄賂；官府則剝民刮地，暴過虎狼。盜賊橫行，饑饉交集，哀鴻遍野，民不聊生。」（香港興中會宣言）這正是　國父革命救國的三民主義之所以形成的背景。

1. 民族危亡　滿清入主中國後，抱持狹隘的種族觀念，對內採取高壓與懷柔的政策交相運用，形成國內民族的不平等。對外採取閉關自守的政策，乾嘉以後，由於政治腐敗，綱紀廢弛，內政不修，招致帝國主義者一連串的侵略，割地賠款，喪權辱國，民族生機被摧殘殆盡，卒使我國淪於次殖民地的地位，隨時有亡國滅種之虞。

2. 政治腐敗　滿清入主中國後，承繼中國君主專制之毒，更是變本加厲。中國在清廷專制之下，政治腐敗，貴族驕縱，權臣昏瞶貪污，此種情狀，誠如　國父所說：「無論爲朝廷之事，爲國民之事，甚至爲地方之事，百姓均無發言或與聞之權。其身爲官吏者，操有審判之全權，人民身受寃枉，無所籲訴，且官場一語，等於法律。上下相蒙相結，有利則各飽其私囊，有害則各諉其責任。貪婪勒索之風，已成習慣，賣官鬻爵，賄賂公行。」(倫敦被難記)

3.民生困苦　有清一代，中國社會經濟貧困的原因，一則由於閉關自守，未能發生工業革命，仍停滯於農業社會，祇有大貧與小貧之別，因此，中國一經與西洋文明接觸，益顯出生產落後，社會貧困的景象。再則由於每次對外戰爭失敗，除割地賠款外，列強更以其優越的工業條件，利用不平等條約的特權，進行種種經濟侵略，使我國民族工業無法發展。同時土地問題無法解決，農民辛苦所獲的糧食，多數歸到地主，農民不高興種田，生產也因而益形萎縮，民生問題嚴重。

因此，　國父指出：「今者中國以千年專制之毒而不解，異種殘之，外邦逼之，民族主義、民權主義，殆不可須臾緩，而民生主義，歐美所慮積重難返者，中國獨受病未深而去之易。是故或於人為既往之陳跡，或於我為方來之大患，要為繕吾羣所有事，則不可不並時而弛張之。」(民報發刊詞)所以　國父決定以民生主義與民族主義、民權主義同時並行，亦即將民族革命、政治革命與社會革命，畢其功於一役。

三、三民主義的創立經過

(一)立國需要主義　國父說：「余之從事革命，建主義以為標的，定方略以為歷程。集畢生之力以赴之，百折而不撓，求天下之仁人志士，同趨於一主義之下，以同致力。」(中國革命史)因為革命需要理論的指導，而立國尤需主義作根本，所以　國父為了革命建國，必須創立他的三民主義。先總統　蔣公說：「中國立國原則為　總理創立之三民主義。此為無可動搖，無可移易者。」（對中國共產黨共赴國難宣言談話）所以中華民國憲法第一條明白規定：「中華民國基於三民主義，為民有、民治、民享之民主共和國。」這不但明示革命的淵源，而且明示立國的根本和建國的目標，要全國國民共同信守，永矢不渝。

(二)三民主義的創立經過

三民主義乃適應世界潮流，體察中國情勢，集古今中外學術之精華而成，其創立過程如下述：

1. 思想萌芽　民前二十七年，　國父二十歲，即決志革命，曾自謂：「予自乙酉中法戰敗之年，始決傾覆清廷創建民國之志。」（孫文學說第八章）此為其民族主義與民權主義思想之萌芽。民前十五年，國父三十二歲，自倫敦脫險後，暫留歐洲，以實際考察其政治風俗，「為一勞永逸之計，乃採取民生主義，以與民族、民權問題，同時解決，此三民主義之主張所由完成也。」（同上）

2. 具體內容　民前八年，　國父手訂「致公堂新章」，其中有「本堂以驅除韃虜，恢復中華，創立民國，平均地權為宗旨」的一條。這與民前七年同盟會成立時所公佈的：「驅除韃虜」、「恢復中華」、「建立民國」、「平均地權」四大綱，幾乎完全相同。「驅除韃虜」「恢復中華」為民族主義的內容，「建立民國」為民權主義的內容，「平均地權」為民生主義的內容。

3. 確立名稱　民前七年十一月，　國父撰「民報發刊詞」，始明揭「民族主義」「民權主義」「民生主義」之名稱。翌年十一月，「民報」成立週年紀念，　國父發表「三民主義與中國民族之前途」講詞，是為「三民主義」之名稱見於文字之始。

4. 體系完成　民國八年，　國父親撰文言「三民主義」。民國十三年，從一月二十七日到八月二十四日，每週在廣州廣東高等師範學校演講一次，計民族主義六講，民權主義六講，民生主義四講，一共十六講。由黃昌穀先生筆記，鄒魯先生讀校，此爲習見的「三民主義演講本」。

㈢**有關三民主義的重要著述**　民國十三年，國父在廣州所講「三民主義十六講」，固然是三民主義最重要的著作，但三民主義的範圍，並不限於「三民主義十六講」那一本書。舉凡　國父遺教及先總統　蔣公有關三民主義的重要著述，都應包括在三民主義的範圍之內。因　國父遺教，除「三民主義十六講」而外，其他重要著述，「諸如孫文學說、實業計畫、民權初步（以上三書合稱建國方略），建國大綱等，可以說都不過是實現三民主義的具體方略。」（國父遺教概要）而先總統　蔣公是　國父思想志業的唯一繼承人，他所著如：「國父遺教概要」、「三民主義之體系及其實行程序」、「三民主義的本質」、「反共抗俄基本論」、「民生主義育樂兩篇補述」等，莫非三民主義理論的闡揚和補充，所以都應包括在三民主義的範圍之內。

參考題

❶ 國父創造三民主義，是拿什麼做材料？根據什麼原理和方法而得到思想的結晶？（五十九年丁等退除役特考）

❷ 試述三民主義的時代背景。（五十七年普考）

❸ 國父說：「余維歐美之進化，凡以三大主義。」是那三大主義，其演進過程如何？（六十七年普考）

❹ 建國方略包括那幾部分？其內容如何？試簡述之。（六十八年普考）

第四節　三民主義與國民革命

一、國民革命的意義、性質、方針與目的

㈠革命的意義　國父說：「革命究竟是什麼事呢？是求進步的事。」（中國內亂之原因）「要人類進步，便不能不除去反對進步的障礙物，除去障礙物，便是革命。」（革命在最後一定成功）因此，在有掃除障礙的必要時，便須採破壞的行動，所以革命是破壞的事業。但革命的目的是在建設，如果革命只有破壞而沒有建設，就不能算是革命，因此「革命也就是建設的事業，而且是非常之建設。」（孫文學說第六章）所以國父說：「革命的意思，與改造是完全一樣的，先有了一種建設的計畫，然後去做破壞的事，這就是革命的意義。」（改造中國之第一步）

㈡國民革命的意義　國父說：「所謂國民革命者，一國之人皆有自由、平等、博愛之精神，卽皆負革命之責任。」（中國同盟會軍政府宣言）又說：「前代革命，雖起於民眾，及其成功，則取獨夫以代之，不復與民眾爲伍。今日革命，則立於民眾之地位，而爲之嚮導。所關切者，民眾之利害；所發抒者，民眾之情感。」「故革命事業，由民眾發之，亦由民眾成之。」（民十二年中國國民黨宣言）可見國民革命是以民眾之立場爲立場，民眾之利害爲利害，並且是一國之人皆負革命責任的全民革命。

㈢國民革命的性質　先總統　蔣公說：「中國今日革命，乃民族革命、政治革命和經濟革命，含有這三種共同性質的國民革命。」（反共抗俄基本論）所以國民革命的性質是一種三民主義的革命，也就是要

實行民族主義的民族革命，民權主義的政治革命，和民生主義的經濟革命。

㈣**國民革命的方針**　國民革命的完成，有賴於明確的方針。　國父為中國國民革命所確立的方針，可歸納為下列四點：

1. 將民族革命、政治革命與社會革命，畢其功於一役，要建設中華民國為三民主義民有民治民享的現代國家。這一革命事業必須徹底，決不可半途中止。
2. 使國民革命成為全國國民共同的事業，以全民力量參加革命，求得國家之自由平等。
3. 反對殘暴的階級鬪爭，以和平方法解決民生問題，並以平均地權與節制資本的合作互助的精神，為經濟建設的基礎。
4. 當革命破壞之後，就要繼之以革命的建設，而以地方自治為民主憲法的基礎。（蘇俄在中國）

㈤**國民革命的目的**　國父說：「國民革命之目的，在造成獨立自由之國家，以擁護國家及民眾之利益。」（北伐宣言）又說：「余致力國民革命，凡四十年，其目的在求中國之自由平等。」（國父遺囑）先總統　蔣公說：「　總理革命的動機是不僅救國，還要救全世界人類。」（三民主義之體系及其實行程序）又說：「　總理革命的目的，不僅要建立中華民國，而且要實現世界大同。」（國父遺教概要第六講）綜合言之，國民革命的目的，就是在求三民主義的實現，以期為國家爭取獨立、自由、平等，建設中華民國，為全國人民謀利益，進而拯救世界人類並共躋於大同。

二、國民革命的程序與歷史分期

㈠國民革命的程序　民前七年「中國同盟會軍政府宣言」中，規定國民革命的程序爲：軍法之治，約法之治和憲法之治三個時期。民國十三年，　國父手訂「國民政府建國大綱」復重申此意，其第五條規定：「建設之程序分爲三期：一曰軍政時期；二曰訓政時期；三曰憲政時期。」這是革命建設三程序，也是國民革命的程序。其各時期的劃分與中心工作，茲表列說明之：

時期	劃分原則	中心工作
軍政時期（破壞時期）	自革命軍事行動開始，至一省完全底定之日止。	1. 行軍法之治，以黨救國。 2. 政府一面用兵力掃除國內之障礙，一面宣傳主義，以開化人心，而促進國家之統一。
訓政時期（過渡時期）	自一省完全底定之日，至該省全數之縣皆達完全自治止。	1. 行約法之治，以黨治國。 2. 政府當訓練各縣人民行使四權實施地方自治，推行五大建設。
憲政時期（建設完成時期）	1. 一省全數之縣皆達完全自治者，則爲憲政開始時期。 2. 全國有過半數達至憲政開始時期，則實施憲政，憲法頒布之日，卽爲憲政告成之時。	1. 行憲法之治，以民治國。 2. 召開國民大會，決定憲法而頒布之。 3. 全國國民依憲法舉行全國大選舉，國民政府於選舉完畢後三個月解職，授政於民選之政府。

㈡國民革命的歷史分期　先總統　蔣公在「反共抗俄基本論」中指出，國民革命三個時期，各有不

同的對象、本質與任務：

1.國民革命第一期　自壬辰(一八九二)至辛亥凡二十年。革命對象是滿清。革命本質是政治革命，亦卽民權革命。其成就乃在於推翻君主專制，創建中華民國，頒行臨時約法，成立議會政治的規模。

2.國民革命第二期　自辛亥革命至抗戰勝利，凡三十四年。革命對象是軍閥及軍閥賴以生存的帝國主義。其中民元至民十三爲一階段，革命奮鬪是爲了保障民國，打倒軍閥。民十三以後爲一階段，北洋軍閥已告肅清，遂直接與帝國主義正面衝突，最後更起而對日抗戰。所以此一時期國民革命在本質上是民族革命。其任務乃在於撤銷不平等條約，打倒侵略強權，爲國家取得獨立自由地位。

3.國民革命第三期　自抗戰勝利以來，國民革命進入第三期。革命對象是共產國際第五縱隊之中共匪黨。革命本質是人民生活方式的社會鬪爭。其任務是要求社會生存、國民生計、和羣眾生命獲得確實的保障，亦就是民生主義以及民族與民權主義的革命。

三、三民主義與國民革命的關係

㈠**三民主義指導國民革命**　國父說：「救國救民、非徒空言，…須有一定之主義。」(軍人精神教育)因爲必須有正確的主義來指導，方不致冥行妄作，盲動悖亂，所以國民革命必須以三民主義爲其最高指導原則：

1.就革命的破壞階段言　一方面須「宣傳主義以開化全國之人心」；一方面須依循三民主義理論和方略，才能掃除革命的障礙，予各種反革命的勢力，以徹底而有效的打擊。

2. 就革命的建設階段言　先總統　蔣公指示：「我們可以大概的說，民族主義爲心理與政治建設的原則；民權主義爲政治與社會建設的原則；民生主義爲政治與物質建設的原則。綜而言之，三民主義卽爲統攝心理、物質、政治、社會四大建設，以完成國家建設，卽整個國民革命之最高指導原則。」(國父遺教概要第六講)

3. 就國民革命的性質言　國民革命是含民族革命、政治革命和經濟革命三種共同性質的三民主義革命，「所以三民主義乃是這三種革命的指導原理。」尤其今日民族、民權、民生三大問題糾結在一起，爲完成國民革命第三期任務，更須以三民主義爲其最高指導原則。

㈡國民革命實現三民主義　先總統　蔣公說：「僅僅有了主義，沒有革命的實際行動，就只是一種學說，而不能發生救國救世的力量。」又說：「我們不但要研究主義，還要實行革命。惟有努力革命以貫徹主義，才是眞正信仰三民主義。」(三民主義之體系及其實行程序)可見主義離不開革命，沒有革命以掃除障礙，就沒有實行主義的可能，則主義雖很完美，仍不過是一種瑰麗的思想而已。所以要使三民主義的理想能够實現，就要實行國民革命；惟有國民革命徹底成功，三民主義才能够眞正實行。

參考題

❶ 何謂國民革命？其目的安在？試分別說明之。(七十年普考)

❷ 試述國民革命之目的及其主張。(五十一年中教檢定考試)

❸ 建國大綱分建國程序爲軍政、訓政、憲政三時期，試分別說明之。（五十三年中敎檢定考試）

❹ 略論國民革命之三大任務及「以建民國，以進大同」的道理。（五十六年中敎檢定考試）

❺ 三民主義與國民革命有何關係？（五十九年電信特考）

第二章　民族主義

第一節　民族主義概說

一、民族的意義及構成要素

㈠**民族的意義**　民族一詞，英、法文均爲 Nation，係源於拉丁文 Natio，含有誕生（Birth）或種族（Race）之意，原義是指血統相同的種族。後來種族與種族之間，由於生存上彼此依賴的關係，遂逐漸由純血緣的種族轉變而爲共同文化的民族。　國父認爲民族是由血統、生活、語言、宗教、風俗習慣等五種自然力所造成的，但實際上可歸納爲血緣和文化兩種主要因素。血緣卽是指血統，文化卽是指生活、語言、宗教和風俗習慣。一般說來，純粹就血統來區分的爲種族，除血統外，尙須就文化來區分的爲民族。現在世界上已幾乎沒有一個民族具有純粹的單一血統，所以民族的特徵不在共同的血統而在共同的文化，因爲有了共同的文化，才能產生休戚與共的民族感情和民族意識，然後民族才能成立。而在民族形成的過程中，完全是基於一種自然趨勢逐漸發展而來的，所以　國父說：「民族是由於天然力造成的，…中國人說，王道順乎自然。換一句話說，自然力便是王道，用王道造成的團體便是民族。」（民族主義第一講）由此可知，民族是由自然力所形成因而具有共同文化的人羣團體。

㈡民族的構成要素

民族的構成要素分爲客觀要素和主觀要素。客觀要素包括血統、生活、語言、宗教、風俗習慣等五大要素，主觀要素卽民族意識。

1. 客觀要素　國父說：「我們研究許多不相同的人種，所以能結合成種種相同民族的道理，自然不能不歸功於血統、生活、語言、宗教和風俗習慣這五種力。」（同上）這五種力都是天然進化而來，在客觀上可顯示出某一民族與另一民族有所不同的特性，爲構成民族的客觀要素。

⑴血統　造成民族最大的自然力是血統。「祖先是什麼血統，便永遠遺傳成一族的人民。所以血統的力是很大的。」（同上）現今世界上，由於種族間不斷混血的結果，雖然並無純一血統的民族，但由血統所形成的特徵，仍不失爲區別民族的標準。

⑵生活　生活指謀生的方法。相同的謀生方法，往往形成相同的文化。「謀生的方法不同，所結成的民族也不同，像蒙古人逐水草而居，以遊牧爲生活，甚麼地方有水草，就遊牧到什麼地方，移居到什麼地方，由這種遷居的習慣，也可結合成一個民族。」（同上）

⑶語言　語言應包括文字在內，爲民族中人民彼此表達思想，遞嬗文化的工具。有了共同語言，才能促進情感的交流，而產生共同的精神意識。民族間的同化，亦往往從語言的同化開始。所以　國父說：「如果外來民族得了我們的語言，便容易被我們感化，久而久之，遂同化成一個民族。再反過來，若是我們知道外國語言，也容易被外國人同化。」（同上）

⑷宗教　國父說：「大凡人類奉拜相同的神，或信仰相同的祖宗，也可結合成一個民族。宗教在造

成民族的力量中也很雄大，像阿拉伯和猶太兩國，已經亡了許久，但是阿拉伯人和猶太人，至今還是存在。他們國家雖亡，而民族之所以能够存在的道理，就是因爲各有各的宗教。」(同上)

(5)風俗習慣　國父說：「如果人類中有一種特別相同的風俗習慣，久而久之，也可自行結合成一個民族。」(同上)

2.主觀要素　即民族意識。所謂民族意識，就是「民族自覺」，也就是民族的構成分子在主觀上感覺到自己民族與別的民族不同，以及自己與自己民族有「利害與共、彼此一體」的觀念，而蘊藏於內心者。　國父說：「譬如一個人，見著父母總是認得，決不會把他當做路人，也決不會把路人當做父母。……這是從種性發出來，人人都是一樣的。……這就是民族主義的根本。」(三民主義與中國民族之前途) 此所謂「民族主義的根本」，卽是指的民族意識。先總統　蔣公說：「民族意識的覺醒，就可確信其爲民族力量的形成。」又說：「民族意識的力量每經一次考驗，就可更增加其一分堅忍，更發揮其一分蘊蓄的本能和潛力。」(反共抗俄基本論) 民族意識乃是民族主義的根本，因爲有了民族意識，才會熱愛自己的民族，珍視自己民族的文化，遇有外敵入侵，便會起而反抗，以保衞自己的民族，進而更求發揚光大自己的民族；而且當民族間相互接觸時，民族意識才能顯現，當民族間相互衝突時，民族意識乃更活躍。可見民族意識不但是民族主義的根本，而且是民族賴以生存發展不可或缺的精神基礎。

二、民族與國家

(一)民族與國家的區別　國父說：「英文中民族的名詞是哪遜(Nation)。哪遜這一個字有兩種解釋：

一是民族，一是國家。這一個字雖然有兩個意思，但是他的解釋非常清楚、不容混亂。」又說：「本來民族與國家，相互的關係很多，不容易分開，但是當中實在有一定界限，我們必須分開什麼是國家，什麼是民族。」（民族主義第一講）至於兩者的區別，可從民族與國家的起源和構成要素兩方面探討：

1. 起源不同　國父認爲區別民族與國家，最適當的方法，「是民族和國家根本上是用什麼力造成的。簡單的分別，民族是由天然力造成的，國家是用武力造成的。」「自然力便是王道，用王道造成的團體便是民族，武力就是霸道，用霸道造成的團體便是國家。」（同上）　國父又說：「論國家之起源，大抵以侵略人之目的，或以避人侵略之目的而爲結合。其侵略人固爲戰爭，即欲避人侵略亦決不能避去戰爭。戰爭不能以一人行之，故合羣；合羣不能無一定之組織，故有首宰；首宰非能一日治其羣眾也，故成爲永久之組織而有國家。故論其本始，國家不過以爲戰爭之一手段，無戰爭固無國家也。」（中國存亡問題）所以從兩者起源分析，「一個團體由於王道自然力結合而成的是民族，由於霸道人爲力結合而成的便是國家。」（民族主義第一講）

2. 構成要素不同　民族的構成要素已如前述。至於國家的構成要素，則如　國父所說：「第一爲領土。國無論大小，必有一定之土地，爲其根據，此土地，即爲領土。領土云者，謂在此土地之範圍，爲國家之權力所能及也。第二爲人民。國家者，一最大之團體也。人民即爲其團體員，無人民而僅有土地，則國家亦不能構成。第三爲主權。有土地矣，有人民矣，無統治之權力，仍不能成國。此統治權力，在專制國，則屬於君主一人；在共和國，則屬於國民全體也。」（軍人精神教育）由此可知，大凡一羣人民，定居於同一領土之上，利用統治組織，以行使對外獨立對內最高的權力，就構成一個國家。可見國家的構成要素分為實體要素即土地和人民，組織要素即主權，而與民族構成要素，顯有不同。

㈡民族與國家的關係　民族與國家雖有顯著區別，但二者也有密切的關係。最足以表示民族與國家關係之密切的，尤以「民族國家」為然。所謂「民族國家」，通常是指一個民族組成一個國家，亦即「單一民族國家」(Mono-national State)。在民族國家中，民族與國家已合而為一，國家是民族的政治組合，民族是國家的生命體，彼此相依為命，民族固賴國家保障其生存，國家亦賴民族鞏固其團結，二者立場相同，休戚相關，榮辱與共，對內因血統與文化的一致，更易加強國內的團結，對外又因民族意識與愛國心合而為一，可形成巨大力量，足以抵禦外侮。不過，一個民族組成一個國家，在近代雖為理論上之所應然，卻非事實上所必然，世界上大多數的國家，都是複合民族國家(Multi-national State)，即一個國家中至少包括兩個以上的民族。事實上，只要各不同民族之結合，非由於征服或強迫，而是出於自願，各民族間有一種共同的精神觀念，且其權力地位彼此平等，並相互尊重彼此的文化及生活方式，如此亦不違反民族國家的原則。何況民族原是不斷的融合同化，隨著時間的演進，各民族必將自然融合，摶成一個新的民族，我中華民族和美利堅民族的融合同化過程，即是最顯明的例證。所以　國父說：「蓋以言民族，有史以來，其始以一民族或一國家，其繼乃與他民族糅合摶聚以成一大民族，民族之種類愈多，國家之版圖亦隨以愈廣。」(中國國民黨宣言)

但是當一個民族分散於幾個的國家時，往往成為那幾個不同國家的少數民族。而且由於民族失去國家保障，或由於歷史與地理背景各異，久而久之，這一民族便有漸被分化或被消滅的危險。例如早期移入加拿大的法蘭西人，現已和母國的民族完全分化。流亡世界各地的猶太人和吉普賽人，猶太人幸而有聯合國助其復國，而吉普賽人實有逐漸被消滅的可能。此種情形，當然民族與國家的關係極不正常，這也是少數民族問題之所以往往成爲國際爭端的原因。

三、中華民族的特質

國父說：「我說民族就是國族，……因爲中國自秦漢而後，都是一個民族造成一個國家。」（民族主義第一講）又說：「以言民族，有史以來，其始以一民族成一國家，其繼乃與他民族糅合摶聚以成一大民族，民族之種類愈多，國家之版圖隨之愈廣。」（中國國民黨宣言）國父所說的「國族」、「與他民族糅合摶聚以成一大民族」，即是指中國境內漢、滿、蒙、回、藏等各宗族，由於歷史的演進融合而成的中華民族而言。中華民族具有許多特質，先總統　蔣公在「中國之命運」一書中，曾有極精闢獨到的分析，茲摘述要旨如下：

㈠**關於民族的成長方面**　「中華民族是多數宗族融合而成的。融合於中華民族的宗族，歷代都有增加，但融合的方法是同化而不是征服。在三千年前，我們黃河、長江、黑龍江、珠江諸流域，有多數宗族分佈於其間。自五帝以後，文字記載較多，宗族的組織，更斑斑可考。四海之內，各地的宗族，若非同源於一個始祖，卽是相結以累世的婚姻。詩經上說：『文王孫子，本支百世』，就是說同一血統的大小宗支。詩經上又說：『豈伊異人，昆弟甥舅』，就是說各宗族之間，血統相維之外，還有婚姻繫屬。古代中國的民族，就是這樣構成的。」

㈡**關於對待異族方面**　「中華民族意識的堅強，民族力量的強韌，民族文化的悠久博大，使中華民族不受侵侮，亦不侵侮他族。惟其不受侵侮，故遇有異族入據中原，中華民族必共同起而驅除之，以光復我固有的河山。惟其不侵侮他族，故中華民族於解除他族互相侵陵的痛苦與禍患的同時，能以我悠久博大的文化，融合四鄰的宗族，成爲我們整個民族裏面的宗支。簡言之，我們中華民族對於異族，抵抗其武力，而不施以武力，吸收其文化，而廣被以文化。」

㈢**關於民族構成基礎方面**　「在中國領域之內，各宗族的習俗，各區域的生活，互有不同。然而合各宗族的習俗，以構成中國的民族文化，合各區域的生活，以構成中國的民族生存，爲中國歷史上顯明的事實。」這個顯明的事實，基於四個方面：「第一、以地理的環境而論，中國的山脈河流，自成一完整的系統，沒有任何區域可以割裂隔離而自成一獨立局面。第二、以經濟的組織而論，任何區域皆有其特殊的資源與特有的土壤，其分工基於自然條件，其交易出於生活的必需，此經濟共同生活，亦卽爲政治統一以至於民族融合的基礎。第三、以國防的需要而論，如有一個區域受異族的占據，則全民族、全國家，卽失其自衞上天然的屏障。第四、以歷史而論、中國五千年的歷史，卽爲各宗族共同命運的紀錄，這一部悠久的歷史，基於中華民族固有的德性，復發揚中華民族的崇高文化。」

四、民族主義的意義

㈠**民族主義就是國族主義**　國父說：「民族主義就是國族主義。」（民族主義第一講）所謂「國族主義」，就是主張「一個民族造成一個國家」，亦卽指「民族國家」。國父認爲民族就是國族，在中國適當，在外國便不適當，何以故？國父解釋說，這是「按中國歷史上社會習慣諸情形講的」，因爲：第一，

「中國自秦漢而後，都是一個民族造成一個國家。外國有一個民族造成幾個國家的，有一個國家之內有幾個民族的。」（同上）第二，「就中國的民族說，總數是四萬萬人……外來的總數不過一千萬人。所以就大多數說，四萬萬中國人，可以說完全是漢人。同一血統，同一語言文字，同一宗教，同一風俗習慣，完全是一個民族。」（同上）　國父的民族主義既然是國族主義，便是主張建立民族國家，因此對外必然要求民族的獨立，對內必然要求國家的統一。關於前者，　國父說：「余之民族主義，……對於世界諸民族，務保持吾民族之獨立地位。」（中國革命史）關於後者，　國父主張「漢族當犧牲其血統、歷史，與夫自尊自大之名稱，而與滿、蒙、回、藏之人民，相見以誠，合爲一爐而冶之，以成一中華民族之新主義，……斯爲積極之目的也。」（文言本三民主義）因爲必須如此，始能對外要求民族的獨立，對內要求國家的統一。而對內的統一尤爲對外獨立的基礎。所以說民族主義就是國族主義。這是就民族主義的性質來說的。

㈡民族主義是國家圖發達和種族圖生存的寶貝　國父說：「民族主義這個東西，是國家圖發達和種族圖生存的寶貝。」（民族主義第三講）這句話含有兩層意思：第一是「種族圖生存」，卽要「保種」。國父在此所謂種族，實際就是指民族。就是說，任何民族要永久生存，不爲其他民族所消滅，就不可沒有民族主義這個寶貝。第二是「國家圖發達」，卽要「強國」。　國父既主張民族國家，一個民族建立國家之後，如果要發達強大，不受其他國家的欺侮，也不可沒有民族主義這個寶貝。　國父曾說：「日本國也是一個民族造成的，……因爲他們有民族主義的精神，所以便能發奮爲雄。當中不及五十年，便由衰微的國家，變成強盛的國家。」（民族主義第一講）這就是說，國家要能發達成爲世界上頭等強國，必須靠民族主義。所以說民族主義是國家圖發達和種族圖生存的寶貝。這是就民族主義的功能來說的。

㈢**民族主義就是民族平等主義**　國父說：「甚麼是民族主義呢？就是要中國和外國平等的主義；要中國和英國、法國、美國那些強盛國家都一律平等的主義。」（女子要明白三民主義）又說：「民族主義卽世界人類各族一律平等，一種族絕不能爲他種族所壓制。」（欲改造新國家當實行三民主義）又說：「民族主義是對外國人打不平的。」（救國救民之責任在革命軍）這些話足以表現　國父的民族主義的精神是始終一貫主張民族平等的。所謂民族平等，對外來說，卽指世界各民族同樣都有組織國家的權利，因之，各國平等亦卽各民族平等。　國父既然主張中國與其他國家平等，自然亦必容許其他國家與中國平等，這也就是國父所說「中國之國際地位平等」的眞義。對內來說，民族平等爲國內各民族有同樣參與政治的權利，因此，各族平等，誰也不壓迫誰。　國父說：「五族一家，立於平等地位。」（五族協力以謀全世界人類之利益）就是這個意思。由此可知民族平等是離不開國家的，而且祇有民族國家才能實現民族平等。當然，　國父的民族主義是絕不容許任何國家有設定民族優越感或實行民族歧視待遇的。所以說　國父的民族主義就是民族平等主義。這是就民族主義的精神來說的。

五、民族主義的基本主張

㈠**中國民族自救**　此爲民族主義的對外主張，這是對國際列強來講的。　國父說：「國民黨之民族主義，其目的在使中國民族得自由獨立於世界。辛亥以前，滿洲以一民族宰制於上，而列強之帝國主義，復從而包圍之。故當時民族主義之運動，其作用在脫離滿洲之宰制政策，與列強之瓜分政策。辛亥以後，滿洲之宰制政策，已爲國民運動所摧毀；而列強之帝國主義則包圍如故，瓜分之說，變爲共管。易言之，武力的掠奪，變爲經濟的壓迫而已，其結果，足使中國民族失其獨立與自由則一也。國內之軍閥既與帝國主義相勾結，……故中國民族政治上經濟上皆日即於憔悴。」（中國國民黨第一次全國代表大會宣言）國父之所以提出「中國民族自救」的主張，正是基於中國民族的國際地位不平等，加以帝國主義者與軍閥勾結，使國家陷於長期分裂狀態而不能統一。因之，民族主義的目標即在「內求統一」與「外求獨立」，等統一告成全國沒有分裂割據的情事，不平等條約取消，國家恢復完全獨立的地位以後，中國民族才算達到了「自救」的目的。由是可知，所謂「中國民族自救」，其主要涵義就是要打倒帝國主義者及其走狗——國內軍閥，使中國民族脫離政治力、經濟力的壓迫，使「中國民族得自由獨立於世界」，以「促進中國之國際地位平等」。

㈡國內各民族一律平等　此爲民族主義的對內主張，這是對國內各民族來講的。國父於革命之初，雖曾以「驅除韃虜」爲口號，而其用意則在推翻滿清一族專制，所以辛亥革命成功後說：「滿洲宰制政策既已摧毀無餘，則國內諸民族宜可得平等之結合。」（同上）又說：「對於滿洲，不以復仇爲事，而務與之平等共處於中國之內。」（中國革命史）可見民族主義的對內目的，即在求國內各民族一律平等。至於「國內各民族一律平等」的涵義，要言之，有三：一是指法律上的平等，即國內各族的權利義務，在國內法律上受同樣的保障與約束，不因種族而有差異。二是尊重各族的固有文化，如語言、宗教、風俗習慣等。三是保障各族的政治和經濟利益，即少數民族有高度的自治權利，並扶助其經濟發展。

㈢世界各民族一律平等　此爲民族主義對外主張的發展。國父曾說：「民族主義即世界人類各民族平等，一種族絕不能爲他種族所壓制。」（欲改造新國家當實行三民主義）所以「世界各民族一律平等」的涵義，就是主張世界上任何民族不受其他民族的控制和壓迫，各民族均有平等的地位和同等的生存權利。先總統　蔣公說：「我們的民族主義，並非貪圖中國民族之強大，同其他民族一樣，去壓倒一切弱小民族；如此便是帝國主義，不是民族主義。……民族主義既在求中國民族之獨立平等，推而廣之，就是要扶助一切弱小民族，獲得獨立平等。因爲我們不甘受帝國主義者之壓迫，也不甘願一切弱小民族受帝國主義者之壓迫，更徹底點說我們不許任何帝國主義者壓迫中國民族，也不贊成任何帝國主義者去壓迫任何弱小民族。中國民族起而革壓迫中國民族的帝國主義者之命，中國民族也當聯合世界上以平等待我之民族共同協力去幫助各弱小民族求得獨立，求得自由。」（三民主義要旨與三民主義教育之重要）由是可知　國父的民族主義之所以不會變質爲帝國主義，就是具有「濟弱扶傾」的精神，不僅爭取自己民族的解放，同時也要「聯合世界上以平等待我之民族共同奮鬪」，以抵抗強權，扶助弱小。所以　國父指示國人：「我們不但要恢復民族的地位，還要對於世界負一個大責任。如果中國不能夠擔負這個責任，那麼中國強盛了，對於世界便有大害，沒有大利。……所以我們要先決定一種政策，要濟弱扶傾，才是盡我們民族的天職。我們對於弱小民族要扶持他，對於世界列強要抵抗他，……那才算是治國、平天下。……用固有的道德和平做基礎，去統一世界，成一個大同之治，這便是我們四萬萬人的大責任。」（民族主義第六講）而盡到了這個大責任，世界民族問題也就全部解決了。

六、民族主義的特質

㈠**民族平等**　民族平等乃是　國父民族主義的通則。就對內言：國內各民族一律平等，就是各民族在法律上、政治上、經濟上、文化上都是一律平等的，沒有主奴之分，彼此之別；就對外言：世界各民族應一律平等，不得因文化上、性格上、體質上與物質環境上的優越或差別，而對其他民族主張優越權利或設定歧視待遇。所以先總統　蔣公說：「　總理為主張中國民族乃至世界各民族的國際地位平等，因而倡導民族主義。」（三民主義之體系及其實行程序）因此，　國父的民族主義，絕不會像歐洲的民族主義，變成帝國主義。

㈡**王道文化**　國父的民族主義思想主要是因襲我國傳統的王道文化而來的。所謂王道，即是「以德服人」的政治原則和作為。「論語」：「遠人不服，則修文德以來之；既來之，則安之。」就是王道的表現。　國父說：「中國人幾千年酷愛和平都出於天性，……這種特別的好道德，便是我們民族的精神。」（民族主義第六講）又說：「中國從前能夠要那樣多的國家和那樣遠的民族來朝貢，……完全是用王道來感化他們，他們是懷中國的德，心甘情願，自己來朝貢的。」（大亞洲主義）可見中國的王道文化，對於四夷，不臨之以武力，而感之以文化，亦即　蔣公所說：「我們中華民族對於異族，抵抗其武力，而不施以武力，吸收其文化，而廣被以文化。」（中國之命運）這種王道文化的本質，「是仁義道德，用這種仁義道德的文化，是感化人，不是壓迫人，是要人懷德，不是要人畏威」。（大亞洲主義）這與西方以霸道為基礎的民族主義完全不同。

㈢**世界大同**　國父的民族主義的另一特質，即是以世界大同為理想。這是根源於「禮記禮運篇」所稱，要由小康之治的「城郭溝池以為固，禮義以為紀」，發展為「以天下為一家」的大同之世。換言之，也就是要以民族獨立爲起點，以世界大同爲目標。在人性汨沒，民族紛爭不已的今天，談到世界大同，或謂陳義過高，但是一個偉大的主義，必有其崇高的理想。國父雖亦認爲「欲泯除國界而進於大同，其道非易。」（五族協力以謀全世界人類之利益）但堅信「將來世界，總有大同之一日。」（學生須以革命精神努力學問）國父所主張的世界大同，是一種理想的世界主義，它是從民族主義發生出來的，國父認爲：「我們要發達世界主義，先要民族主義鞏固才行。」（民族主義第四講）所謂「民族主義鞏固」，就是不僅恢復中國民族自由平等的地位，而且要打破所有侵略強權，並使全世界的弱小民族都能自決自強，等到世界民族沒有強凌眾暴的現象，再以道德與和平做基礎，建立全人類共有、共治、共享的大同世界，這才是世界主義的眞精神，惟有如此，才能使世界民族問題獲得根本解決。

參考題

❶ 何謂民族？民族與種族有何區別？（六十年電信特考）

❷ 何爲民族？中華民族有何特點？（六十三年中國國際商銀助員級行員考試、六十四年丙等國防特考）

❸ 試列舉構成民族的五種力量，並說明何種力量較重要。（五十六年退除役特考）

❹ 略述民族客觀要素與主觀要素，並比較其輕重性。（五十八年普考）

❺ 民族構成的要素，計分爲客觀要素與主觀要素，試分別說明其要義。（六十二年丙等基層特考、六十九年普考、七十二年電信特考）

❻ 何謂民族？何謂國家？國家與民族構成要素有何不同？（五十六年電信特考、六十二年普考、六十九年公務員升

等考)

❼ 民族與國家有何區別?(五十四年普考、五十七年、六十八年丁等退除役特考、六十二年丙等退除役特考、六十四年丙等鐵路特考、七十年丙等國防特考)

❽ 民族與國家構成之因素有何不同?(五十九年、六十五年丙等警察特考、六十三年丙等關務特考、六十四年退除役特考、六十五年公務員升等考、六十七年電信特考、六十八年丙等國防特考、七十二年電信特考)

❾ 民族與國家的起源有何不同?(七十年鐵路員級特考)

❿ 試就起源與構成要素兩方面,申述民族與國家有何區別?(七十年丙等基層特考)

⓫ 何謂民族意識?民族意識何以是民族主義的根本?試分述之。(六十一年電信特考、六十四年公務員升等考、六十五年鐵路特考、六十五年丙等警察特考、六十六年丙等金融特考、六十六年丙等退除役特考、六十七年丙等基層特考、六十八年金融雇員升等考)

⓬ 何謂民族意識?民族意識與民族主義有何關係?(六十六年丙等國防特考、六十九年關務金融特考、六十九年普考)

⓭ 解釋名詞:民族意識。(六十九年電信特考、六十九年丙等基層特考、七十年丙等國防特考、七十二年丙等國防特考)

⓮ 民族主義何以就是國族主義?(六十四年丙等關務特考)

⓯ 國父何以說中華民族可稱國族?試說明之。(七十一年丙等基層特考)

⓰ 國父說:「民族主義這個東西,是國家圖發達和種族圖生存的寶貝。」試申其義。(五十五年中學教師檢定考、六十二年國防特考)

⑰ 何謂民族自決？何謂民族同化？兩者是否衝突？（五十年、五十七年中學教師檢定考試）

⑱ 解釋名詞：民族自決。（五十七年電信特考、六十五年鐵路特考、六十六年丙等金融特考、六十六年丙等退除役特考、六十八年金融雇員升等考、六十九年電信特考）

⑲ 國父的民族主義有那幾個基本主張？（六十九年關務特考）

⑳ 中國民族自求解放的意義與目的爲何？試申述之。（五十五年中學教師檢定考試）

㉑ 試就民族主義之原則說明中華民族對世界應負之責任。（五十四年普考）

㉒ 民族主義的特質是什麼？（五十九年電信特考）

㉓ 中國強盛以後所負的重要責任是什麼？（五十七年電信特考）

㉔ 我國民族地位恢復之後，何以要對世界負濟弱扶傾的責任？並列舉我國實踐此一遺教的事實。（六十四年普考）

㉕ 何謂王道思想？試申論之。（五十五年中學教師檢定考試）

㉖ 國父民族自決的涵義爲何？（七十二年丙等基層特考）

㉗ 試述民族意識與民族、民族主義的關係。（七十二年普考）

第二節　中國民族的危機與復興

一、中國民族的危機

㈠過去的民族危機　我們中國民族過去的危機，就是　國父在民族主義各講中一再指出的：第一是民族主義的消失，第二是民族地位的低落。這也是導致我們民族自信心喪失的原因。

1. 民族主義的消失　國父說：「依我的觀察，中國的民族主義是已經失去了，這是很明白的；並且不只是失去了一天，已經失去了幾百年。試看我們革命以前，所有反對革命很利害的言論，都是反對民族主義的。再推想幾百年前，中國的民族思想完全沒有了。」(民族主義第三講)　國父認爲中國的民族主義已經失去幾百年，推究其消失的原因，主要有下述四點：

(1)被異族征服　國父說：「民族主義滅亡的頭一個原因，就是我們被異族征服，征服的民族，要把被征服的民族所有寶貝，都要完全消滅。滿洲人知道這個道理，從前用過了很好的手段。」(同上)滿洲人的手段，約有下列四種：第一是鎮壓，如大興文字獄。第二是籠絡，如開科舉與特科。第三是欺騙，如刪改史書。第四是麻醉，即宣傳世界主義。滿洲人使用這些手段，所以中國的民族思想便消滅了幾百年。

(2)傳統世界主義的流毒　國父說：「中國在沒有亡國以前，已漸由民族主義而進於世界主義。……世界主義就是中國二千多年以前所講的天下主義。……康熙就是講世界主義的人，他說：舜東夷之人也，文王西夷之人也，東夷西夷之人，都可以來中國做皇帝，就是中國不分夷狄華夏，不分夷狄華夏，就是世界主義。……因爲普通社會有了這種主義，故滿清入關便無人抵抗，以致亡國。」(同上)因爲中國講世界主義太早，「在沒有亡國以前，已經有了受病的根源，所以一遇到被人征服，民族思想就消滅了。」(同上)

(3)會黨被人利用　洪門會黨是明朝遺老，以反清復明爲宗旨，結成的團體。　國父說：「明朝遺老宣傳民族主義到下流社會裏頭，但下流社會的智識太幼稚，不知道自己來利用這種主義，反爲人所利用。比方在洪秀全時代，反清復明的思想已經傳到了軍隊裏頭，但因洪門子弟不能利用，故他們仍然是清兵。」（同上）又說：「從左宗棠做了大龍頭之後，他知道其中的詳情，就把馬頭破壞了，會黨的各機關都消滅了，所以到我們革命的時候，便無機關可用。」（同上）而海外的洪門會黨，「因爲保皇主義流行到海外以後，他們就歸化保皇黨，專想保護大清皇室的安全，故由有種族主義的會黨，反變成了去保護滿洲皇帝。」（同上）

(4)家族和宗族觀念過於發達　國父說：「中國人最崇拜的是家族主義和宗族主義，所以中國只有家族主義和宗族主義，沒有國族主義。……中國人對於家族和宗族的團結力非常強大，往往因爲保護宗族起見，寧肯犧牲身家性命。……所以中國人的團結力，只能及於宗族而止，還沒有擴張到國族。」（民族主義第一講）又說：「中國的人只有家族和宗族的團體，沒有民族的精神，所以雖有四萬萬人結合成一個中國，實在是一片散沙。」（同上）

(5)中國人是一盤散沙　國父說：「中國四萬萬之眾，等於一盤散沙。此豈天生而然耶？實異族之專制有以致之。」（民權初步自序）由於滿清專制政治，剝奪人民政治自由，人民不能過問國事，也就對國事漠不關心，形成一盤散沙，不能團結，國家民族觀念必然薄弱，祇知有自己，不知有民族國家，最後導致民族主義消失。

2.民族地位的低落　國父說：「中國從前是很強盛很文明的國家，在世界中是頭一個強國，所處的地位比現在的列強像英國、美國、法國、日本，還要高得多。」（民族主義第六講）但是後來「由於我們失去了民族精神，所以國家便一天退步一天。」（同上）而且又同時遭受列強人口、政治、經濟三種力量的壓迫，使我們生機日蹙，國勢日衰。在不平等條約的束縛下，「凡是和中國有條約的國家，都是中國的主人，所以中國不只做一國的殖民地，是做各國的殖民地」，「實在的地位，還要低過高麗、安南」，中國民族已處於「次殖民地」的地位。（民族主義第二講）造成民族嚴重的危機。

(1)列強人口增加的壓迫　國父說：「自古以來，民族之所以興亡，是由於人口增減的原因很多，此爲天然淘汰。」（同上）而近百年來列強人口不斷增加，據　國父統計：英國和日本增加三倍，俄國是四倍，德國是二倍半，美國是十倍，法國是四分之一。而中國人口近百年來並無增加，　國父認爲此種情況發展下去，則百年之後，列強將會以多數人口來征服我們少數人口，中國民族有被滅種的危機。

(2)政治力的壓迫　列強「用政治力去亡人的國家有兩種手段，一是兵力，一是外交。」（民族主義第五講）國父估計，列強以兵力來滅亡中國，日本不過十天，美國不過一個月，英、法不過兩個月。而列強如果用外交，「祇要用一張紙和一枝筆，彼此妥協，便可以亡中國。」（同上）

(3)經濟力的壓迫　過去我國在列強經濟力的壓迫下，除了不平等條約的賠款外，　國父統計每年要損失十二萬萬銀元。　國父認爲經濟力的壓迫比政治力的壓迫還要厲害。因爲「受經濟力的壓迫，普通都不容易生感覺，像中國已經受過了列強幾十年經濟力的壓迫，大家至今還不大覺得痛癢，弄到中國各地都變成了列強的殖民地。」（民族主義第二講）由於長期受到經濟侵略，使得中國民窮財盡了。

㈡**現在的民族危機**　由於從前中國的民族主義消失，又受到列強以上三種壓迫的結果，在不平等條約的束縛下，遂造成中國民族嚴重的危機。百年來的桎梏，由於戰勝日寇及廢除不平等條約而解除。但因以俄帝爲首的國際共產黨，嗾使中共全面叛亂，中國民族又遭遇空前的浩刼。現在中共雖與「蘇修」

分裂，但其倒行逆施的行徑，反而變本加厲，中國民族現今所面臨的危機較前尤為嚴重。

1. 就文化方面說　中共自竊據大陸以來，以人為的力量，滅我民族生存的命脈。首則有計畫的屠殺人民。據專家統計，大陸同胞被清算鬪爭所直接屠殺的，已逾六千六百萬人。其後推行強迫的人口節育政策，間接被犧牲的，更不計其數。此外，中共橫肆破壞家庭制度及我固有倫理道德傳統；實行所謂「教育革命」，企圖從根本消滅固有學術思想；迫害知識分子，禁錮其心靈，箝制其言論，使固有文化無法傳播；刪改史書，改寫古代史，竄改抗戰史，偽造中華民國史；大規模焚燒書籍；破壞中國文字。而「文化大革命」更視我固有之思想、文化、風俗、習慣為「四舊」，一律加以破壞。如果我們民族的歷史文化被摧毀淨盡，民族將隨之萬刼而不復。

2. 就政治方面說　中共禍國殃民的陰謀，始終脫離不了「以中國人亡中國人」的漢奸本質。其始則受俄帝卵翼，向蘇俄「一面倒」，中國人民所受的蹂躪和壓迫，遠甚於以往不平等條約的束縛。今則與「蘇修」爭衡，在內部反對走「修正主義」路線，把左傾的教條，變本加厲的推行。大陸同胞在中共極權統治下，不僅生活自由和政治權利被剝奪淨盡，而且陷入長期極端恐怖黑暗的深淵之中。

3. 就經濟方面說　中共實行所謂「共產」，就是「要使全國國民共歸於盡」。現在大陸人民已是一窮二白，還要瘋狂發展毀滅性核子武器，援助「第三世界」國家的共產黨的叛亂。其對我同胞的搜刮掠奪，較之百年來所受列強的經濟壓迫更為嚴重而徹底。

二、復興民族的方法

㈠**恢復民族精神的方法**　國父說：「中國退化到現在地位的原因，是由於失去了民族的精神，……如果不想方法來恢復民族主義，中國將來不但是要亡國，或者要亡種。」（民族主義第五講）而恢復民族精神的方法，國父認爲就是「能知」和「合羣」。

1. 能知　所謂能知，就是要喚起民眾，使能認清民族的危機。國父說：「我們要恢復民族主義，就要自己心理中知道現在中國是多難的境地，是不得了的時代，那末已經失去了的民族主義，才可以圖恢復。如果心中不知，要想圖恢復，便永遠沒有希望。」（同上）所以國父認爲恢復民族精神的第一個條件，「是要我們知道現在處於極危險的地位」，「如果四萬萬人都知道危險，我們對於民族主義便不難恢復。」（同上）今日中國民族所處地位的危險，較國父當年演講民族主義時爲嚴重，因爲始則俄帝驅使中共實行種種侵略陰謀，繼則中共變本加厲，企圖消滅我固有文化，戕害民族生機。我們要喚醒全國同胞，認清當前民族危機，以激發其救亡圖存之民族意識。

2. 合羣　所謂合羣，就是組織民眾，加強民族團結，結成一個大國族團體，共爲復興民族而奮鬪。國父說：「中國人對於國家觀念，本是一片散沙，本沒有民族團體。」（同上）但是國父認爲「我們失去了的民族主義，要想恢復起來，便要有團體，要有很大的團體」，「中國有很堅固的家族和宗族團體」，「我們要結成大團體，便先要有小基礎，彼此聯合起來，才容易成功。」（同上）所以國父認爲恢復民族精神的第二個條件，「便要善用中國固有的團體。」他主張「用宗族的小基礎，來做擴充國族的工夫」，「在每一姓中，用其原來宗族的組織，拿同宗的名義，先從一鄉一縣聯絡起，再擴充到一省一國，各姓便可以成一個很大的團體」，「更令各姓的團體，……都結合起來，便可以成一個極大中華民國的國族團體。」(同上)而在今日，為粉碎中共分化我民族的陰謀，加強民族團結尤為重要。尤其「我們要認清，今天復興基地的同胞，均屬同舟一命，禍福與共」，「大家必須提高警覺，無分彼此，緊緊的團結在一起，以無比堅定的行動，來粉碎敵人一切離間分化，滲透顛覆，以無比勇敢的奮鬥精神，來爭取共同的勝利與成功。」(中國國民黨第十一次全國代表大會宣言)

(二)恢復民族地位的方法　國父認為民族主義恢復了之後，我們便可進一步，去研究怎樣才可以恢復我們民族的地位。」(民族主義第六講)　國父說：「中國從前能夠達到很強盛的地位，不是一個原因做成的。大凡一個國家所以能夠強盛的原故，起初的時候都是由於武力的發展，繼之以種種文化的發揚，便能成功。但是要維持民族和國家的長久地位，還有道德問題，有了很好的道德，國家才能長治久安。」(同上)可見武力、文化、道德，都是國家強盛的因素，但「武力不限於軍事，軍事之外，同時要有教育和經濟配合起來，才能構成整個武力。」(三民主義之體系及其實行程序)可見武力的根本在文化，至於道德更是我國固有文化的重心，所以求國家的強盛，根本還在發揚民族文化。

1. 恢復民族精神　前已述及，恢復民族精神的方法在「能知」與「合羣」。一方面喚起民眾，了解我國民族所處地位的危險，以喚起民族意識。一方面要組織民眾，善用家族、宗族團體，鞏固民族團結，同時要發展交通，統一語言，以溝通民族情感，促進民族團結，加強民族意識。

2. 恢復固有道德　國父特別重視固有道德的恢復。他說：「從前中國民族的道德，因為比外國民族的道德高尚得多，所以在宋朝一次亡國到外來的蒙古人，後來蒙古人還是被中國人所同化。在明朝，二次亡國到外來的滿洲人，後來滿洲人也是被中國人同化。因為我們民族的道德高尚，故國家雖亡，民族還能够存在，不但是自己的民族能够存在，並且有力量能够同化外來的民族。所以窮本極源，我們現在要恢復民族的地位，除了大家聯合起來做成一個國族團體以外，就要把固有的舊道德先恢復起來，有了固有的道德，然後固有的民族地位，才可以圖恢復。」(同上) 講到固有的道德，國父指出中國人至今所不能忘的，「首是忠孝，次是仁愛，其次是信義，其次是和平。」(同上) 這種特別好的道德，是我們民族文化的精髓，不但要保存，並且要發揚光大。

3. 恢復固有智能　國父說：「我們舊有的道德，應該恢復以外，還有固有的智能，也應該恢復起來。」(同上) 中國有什麼固有的智識呢？國父認爲就是「大學」中所說的「格物、致知、誠意、正心、修身、齊家、治國、平天下」這一段最有系統的政治哲學。他說：「像這樣很精密的知識和一貫的道理，都是中國所固有的。我們現在要能够齊家治國，不受外國的壓迫，根本上便要從修身做起，把中國固有智識、一貫的道理先恢復起來，然後我們民族的精神和民族的地位才都可以恢復。」(同上) 除了固有的智識外，還有固有的能力。國父說：「從前中國人的能力，還要比外國人大得多，外國現在最重要的東西，都是中國從前發明的。」(同上) 如指南針、印刷術、火藥、磁器、蠶絲、拱門、吊橋等。「因爲後來失去了那種能力，所以我們民族的地位也逐漸退化。現在要恢復固有的地位，便先要把我們固有的能力一齊都恢復起來。」(同上)

4. 學習歐美長處　國父說：「恢復了我們固有的道德、智識、能力以外，在今日之時，仍未能進中國於世界一等的地位，如我們祖宗當時，爲世界之獨強的，恢復我一切國粹之後，還要學歐美之所長，然後才可以和歐美並駕齊驅。」(同上) 學歐美之所長，便是吸收歐美文化的優點，也就是「發揚吾固有之文化，且吸收世界之文化而光大之。」（中國革命史）歐美最大的長處是科學和技術，國父認為我們學外國之所長，最重要的是「迎頭趕上去，不要向後跟著他」，「如果能够迎頭趕上去，十年之後，雖然不能超過外國，一定可以和他們並駕齊驅。」（民族主義第六講）

5. 改進民族習性　中國民族是歷史悠久，文化優良的民族，但因五千年來以農立國，不免產生一些農業社會的病態。先總統　蔣公指出：這些病態，一是輕忽時間。二是不重數字。三是不知奮勉向上。四是消極頹唐。五是不分本末，不求重點。六是消耗浪費。七是反科學。八是反組織。九是反紀律。十是因循苟且，推諉塞責。因此，在邁向工業社會的途程中，必須以現代科學化的精神來加以改進。針砭之道，乃是要重視時間、要重視數字、要競賽向上、要徹底務實、要有本末先後、要有重點中心、要有創造發明、要戒除浪費、要負責服務、要根據科學、要注重組織、要重視紀律。此外積極的藥石，就是要有奮鬪性、冒險性和積極性。（整理文化遺產與改進民族習性）如能根除農業社會的積習，中國才是現代化的國家，復興民族的大業才能順利完成。

參考題

❶ 中華民族有何危機？如何復興中華民族？（五十七年普考）

❷ 國父曾慨嘆的說：「中國現在所處的地位，依我定個名詞，應叫做『次殖民地』。」其涵義為何？試闡述之。（五十八年丙等特考）

❸ 何以　國父說中國淪為「次殖民地」的地位？（五十八年丁等特考）

❹ 解釋名詞：次殖民地。（五十九年丙等警察特考、六十四年丙等退除役特考）
❺ 試述外國對我國的三種壓力是什麼？（六十四年丙等退除役特考）
❻ 何謂次殖民地？中國過去爲什麼會淪爲次殖民地？（七十年鐵路員級特考）
❼ 試說明中國民族主義消失的原因及其恢復的方法。（六十一年普考）
❽ 國父在民族主義中所講恢復民族主義的方法有那二項？又抵抗外侮的方法有那二項？試分別述之。（六十三年普考）
❾ 恢復民族精神的條件有幾？試分述之。（五十七年丁等退除役特考）
❿ 試根據民族主義能知與合羣的主張，說明今日團結救國的重要。（六十八年普考）
⓫ 恢復民族地位的方法爲何？（五十七年電信特考、六十六年、六十八年丁等退除役特考）
⓬ 綜合　國父與先總統　蔣公訓示，復興民族的方法有那幾項？其重要的意義爲何？（七十一年普考）
⓭ 要提高中華民族的地位，應從何處著手？（六十八年丙等關務特考）
⓮ 國父說：「一個國家的強盛，最初由於武力的發展，繼之爲文化的發揚，但是要維持民族和國家的長久地位，還要有道德，有了很好的道德，國家才能長治久安。」斯三者，其先後順序如何？（六十六年普考）
⓯ 什麼是中國的固有道德？（五十八年丁等特考）
⓰ 恢復中華民族光榮的地位，何以要先恢復固有的道德？試說明其理由。（五十六年退除役特考、六十三年電信特考）
⓱ 爲何恢復民族固有地位應由恢復固有道德著手？（六十四年丙等地政特考、六十五年電信升資考）
⓲ 發揚民族主義何以要恢復固有道德？試申述之。（六十六年丙等基層特考、六十六年丙等關務特考）

⑲試述恢復民族固有道德的重要性？（六十八年丙等退除役特考）

⑳要恢復我們民族地位，除了各種條件外，還要恢復我們的固有能力，我們的固有能力爲何？能列舉之耶？（五十一年丙等退除役特考）

㉑爲提高民族地位，國父主張一面宣揚中國固有優良文化，同時要吸收歐美所長，迎頭趕上，何以必須相提並論？應否取其一而排斥其他？（五十年普考）

㉒中華民族現在的危機何在？如何解決之？（七十三年普考）

第三節　民族主義與世界主義

一、世界主義的涵義與類型

㈠**世界主義的涵義**　一般所謂世界主義，是主張個人與世界有最密切的關係。信奉此種思想的人，往往以對世界之愛代替其對故鄉祖國之愛。我國古籍中如禮記禮運篇所謂「大道之行也，天下爲公」，先賢如張載所謂「民吾同胞，物吾與也」，王陽明所謂「天下爲一家，中國爲一人」，這些都具有世界主義的精神，此卽主張人類要發揮仁愛與正義之最高道德精神，抱民胞物與胸懷，破除畛域之見，以實現天下爲公世界大同的理想。據此言之，所謂世界主義，就是企求人類發揮「民胞物與」的道德精神，打破國家民族界限，建立一理性的「天下爲公」的大同世界。

㈡**世界主義的類型**　在　國父的心目中，世界主義可以分爲以下四種類型：

1.中國傳統的世界主義　國父說：「不分夷狄華夏，就是世界主義。」（民族主義第三講）又說：「這種世界主義就是中國二千多年以前所講的平天下主義。」（同上）這就是中國傳統的世界主義，或可稱爲天下主義的世界主義。由於這種傳統的世界主義在中國發達得太早，結果反使我們的民族主義消失。

2.列強殖民的帝國主義　國父說：「英俄兩國現在生出了一個新的思想，這個思想是有智識的學者提倡出來的，這是甚麼思想呢？是反對民族主義的思想。這種思想說民族主義是狹隘的，不是寬大的。簡直的說就是世界主義。現在的英國和以前的俄國、德國與及中國現在提倡新文化的新青年，都贊成這種主義，反對民族主義。」（同上）國父在此所講的世界主義，實在包括兩種類型的世界主義，一種是從前的英、俄、德等國所鼓吹和推行的殖民世界主義，專以殖民擴張爲事，成爲強國掠奪殖民地的思想戰工具，可直稱爲帝國主義的世界主義。國父說：「世界上的國家，拿帝國主義把人征服了，要想保全他的特殊地位，做全世界的主人翁，便是提倡世界主義，要全世界都服從。」（同上）

3.馬列共產的國際主義　另一種是馬克思、列寧所提倡，而由俄共所鼓吹的共產國際的世界主義，旨在推行「世界革命」，妄圖赤化世界，此卽通常所謂的馬列共產的國際主義。

4.國父理想的世界主義　國父所主張的世界主義，是從民族主義出發，先打倒侵略強權，然後各民族在平等的基礎上聯合一致，促進世界大同的實現。國父說：「強權打破以後，世界上沒有野心家，到了那個時候，我們便可以講世界主義。」（同上）

二、民族主義與世界主義的比較

㈠民族主義與中國傳統的世界主義　中國從前是世界的獨強，文化高於四鄰，經濟亦較四鄰富庶，對待四鄰總是「厚往而薄來，嘉善而矜不能」，因之四鄰民族心悅誠服前來朝貢。又因爲中國疆域遼闊，當時中國人所知的世界祇限於亞洲一隅，於是中國人的思想中，便只有中國文化及中國這大一統的帝國。這樣中國便成天下，天下便是中國，因此民族主義也就成爲天下主義，而中國的民族思想便隨之很早就消失了。中國傳統的世界主義，已不合我們用，因爲中國早已不是世界的獨強，現在是弱國，需要救亡圖存，先要鞏固民族主義，不應該在此時提倡這種妄自尊大的世界主義。

㈡民族主義與列强殖民的帝國主義　所謂帝國主義，依　國父的解釋：「就是用政治力去侵略別國的主義，即中國所謂勤遠略。這種侵略政策，現在名爲帝國主義。」（民族主義第四講）　國父說：「強盛的國家和有力量的民族，已經雄佔全球，無論甚麼國家和甚麼民族的利益，都被他們壟斷，他們想永遠維持這種壟斷的地位，再不准弱小民族復興，所以天天鼓吹世界主義，謂民族主義的範圍太狹隘。」（同上）此種世界主義專從自己民族的優越感出發，否認各民族有平等的權利，它是扛著世界主義的招牌，來推行其侵略擴張的帝國主義，是根本與　國父的民族主義背道而馳的。

㈢民族主義與馬列共產的國際主義　馬列所主張的世界主義，在促使全世界各民族都從事階級鬪爭，以階級來否定民族，達成其「世界革命」的目的。此種馬列共產的國際主義比列強殖民的帝國主義，更爲毒辣陰狠。因爲後者把被侵略民族作整體看待，容易引起被侵略民族一致的反應；前者使被侵略民族內部分化，從內部腐蝕民族思想，使人亡國滅種而不自覺。所以列強殖民的帝國主義固是民族主義的敵人，而馬列共產的國際主義更爲民族主義的死敵。

㈣民族主義與　國父理想的世界主義　國父所主張的世界主義，是以民族主義爲基礎和以世界大同爲理想的。　國父的民族主義，其直接目的雖在恢復中國的民族精神和民族地位，但其最後理想則是濟弱扶傾實現民族平等，以促進世界大同。　國父說：「對於弱小民族要持扶他，對於世界的列強要抵抗他。」（民族主義第六講）這就是要中國民族先獲得獨立平等的地位，然後去幫助各弱小民族一律獲得獨立平等的地位。惟有維護國際正義，使全世界各民族獲得自決自治的權利，和在經濟上、文化上獲得平等發展的機會，世界才會有永久的和平。同時在正義與和平的基礎上，由於民族間的相互信賴，隨著交通的便利、文化的交流與經濟生活的互助合作，全世界民族才能聯合成爲一個國家，這便是世界大同，便是　國父理想的世界主義的實現。

國父說：「中國人的心理，向來不以打得爲然，以講打的就是野蠻，這種不講打的好道德，就是世界主義的眞精神。」（民族主義第四講）但要人家不打我們，必須我們有自衞的力量。民族主義便是用來自衞的，能自衞才有和平、才有正義，才能奠定世界大同的基礎；何況民族主義除了自衞以外，進一步還要用來濟弱扶傾。所以說民族主義是理想的世界主義的基礎。　國父曾以一個香港的苦力買呂宋彩票的故事來說明這個道理：有一個碼頭上的苦力，平日靠一根竹槓和兩條繩子謀生，辛苦積了十幾塊錢，買了一張呂宋彩票，把彩票放在竹槓裏。後來這張彩票中了頭彩，他一歡喜就把竹槓往海裏一丟，等著從此做富翁，那知彩票就在竹槓裏，這一下頭彩丟了不算，連謀生的工具也沒有了。這譬喻是說：「彩票是世界主義，竹槓是民族主義，苦力中了頭彩，就丟去謀生的竹槓，好比我們被世界主義所誘惑，便要丟去民族主義一樣。」（同上）所以　國父說：「我們要知道世界主義……是從民族主義發生出來的。

我們要發達世界主義，先要民族主義鞏固才行，如果民族主義不能鞏固，世界主義也就不能發達。」（同上）又說：「我們要講世界主義，一定要先講民族主義，所謂欲平天下者先治其國。把從前失去了的民族主義重新恢復起來，更要從而發揚光大之，然後再去談世界主義，乃有實際。」（同上）所以必先恢復民族精神和民族地位，然後再去談世界主義，才不致兩頭落空。

三、馬列共產國際主義批判

㈠「工人無祖國」的錯誤　馬克思在「共產主義宣言」裏，主張「工人無祖國」。認爲各國的無產階級者（卽產業工人），都有一個唯一的同樣利益——在經濟上不被剝奪；一個唯一的和單純的敵人——資本家；一個唯一的單一的戰鬪——階級鬪爭。因之，要「全世界無產階級聯合起來，打倒資產階級」，認爲「各國無產階級的共同行動，是他們獲得解放的一個主要條件。」他把國家看作是資產階級壓迫無產階級的工具，所以認爲無產階級對資產階級的鬪爭，根本上不是民族鬪爭，而是國際鬪爭。馬克思爲了擴大階級鬪爭成爲國際運動，強調階級意識要超越國家民族意識。一八七〇年普法戰爭發生，他便要求德、法工人不要效忠其本國資產階級的政府參加戰鬪，結果各國工人無人理睬，紛紛投效本國軍隊，爲保衞國家而戰，終導致第一國際於一八七六年宣告解散。第一次世界大戰時，第二國際號召各國工人反對參戰，但各國工人在「擁護祖國」、「爲祖國而戰」的口號下，與其敵國同一階級者相見於戰場，第二國際又宣告瓦解。第二次世界大戰時，當德軍攻至列寧格勒，史達林爲挽救危亡，亦號召人民「爲保衞蘇聯祖國而戰」，更爲乞求友邦援助，乃於一九四三年公開解散第三國際。凡此史實，足以說明「

工人無祖國」理論的破產，民族意識是高於階級意識的。

㈡「**民族自決」的騙局**　一九〇三年列寧提出「民族自決」的口號，以煽動帝俄境內的少數民族，起而推翻沙皇統治。在十月革命奪取政權後，列寧就對少數民族加強控制，並展開階級鬪爭，實行階級領導，以維護所謂無產階級利益，竟使民族自決，變成「民族自絕」。因爲在共黨的理論中，民族本是資產階級所派生的，要消滅資產階級，實現無產階級國際主義，當然不容民族存在。

共產黨爲要掀起殖民地和附屬國的民族革命，替無產階級國際主義效命，同樣運用「民族自決」的口號。列寧曾主張一切壓迫與被壓迫的社會民主黨人，都應爲「民族自決」的原則而奮鬪，以便世界革命戰略的展開。他將無產階級革命和殖民地民族革命兩種極端相反的思想和運動，巧妙的聯繫起來，並強調民族自決運動要依靠俄共支援。列寧曾說：「帝國主義列強，打著建立政治上獨立國家的幌子，來建立在經濟、財政和軍事方面都完全依賴於它們的國家。在目前國際情勢下，除建立蘇維埃共和國聯盟以外，附屬國和弱小民族，別無生路。」由此可見共產黨高唱「民族自決」的用意，並非贊助弱小民族獨立，只是藉以進行所謂無產階級革命，並誘使他們成爲蘇維埃國家，加入蘇維埃聯邦，以達成其建立世界「共產大帝國」的目的而已。

參考題

❶ 我國民族主義與世界主義的區別何在？（五十二年中學教師檢定考試）

❷ 何謂民族主義？何謂帝國主義？其根本不相容的理由安在？（五十八年丙等特考）

❸ 國父說：「我們受屈民族，必先俟我們自由平等地位恢復之後，才能來講世界主義。」試申其理。（五十五年普考）

❹ 國父曾說：「我們要推行世界主義，必先鞏固民族主義。」試申其義。（六十三年丙等特考）

❺ 何以民族主義是理想的世界主義的基礎？試申述之。（六十七年電信特考、七十二年鐵路特考）

❻ 民族主義與世界主義有何關係？試說明之。（七十二年普考）

第四節　民族主義的實踐

一、民族復興運動的歷程

㈠**推翻滿清締造民國**　國父在民前十八年（一八九四年）首創興中會，以「驅除韃虜，恢復中華，創立合眾政府」為誓詞，此後，「革命黨人，歷艱難險巇，以堅毅不撓之精神，與民賊相搏，躓踣者屢」，雖經十次失敗，終以辛亥武昌起義的成功，推翻滿清專制統治，建立亞洲第一個民主共和國。推翻滿清君主專制，是政治革命；而推翻滿清一族專制，則是民族革命。所以 國父說：「革命黨從前推翻滿清，就是實行民族主義。」（農民大聯合）這是民族復興運動第一個重大成就。

㈡**肅清軍閥完成統一**　民國成立後，「國內軍閥，暴戾恣睢，自為刀俎，而以人民為魚肉，一切政治上民權主義之建設，皆無可言」，而「凡為軍閥者，莫不與列強之帝國主義發生關係，所謂民國政府，已為軍閥所控制，軍閥卽利用之，結歡於列強，以求自固；而列強亦卽利用之，資以大借款，充其軍費，使中國內亂，糾紛不已，以獲取利權，各占勢力範圍。」（中國國民黨第一次全國代表大會宣言）因之，國父於民國十年，在廣州就任非常大總統後，卽曾率師北伐。民國十三年，於「北伐宣言」中說：「此戰之目的不僅在推倒軍閥，尤在推倒軍閥所賴以生存之帝國主義。」民國十五年，先總統　蔣公繼承　國父遺志，誓師北伐，「國民革命軍所到之處，民族主義之運動遂蓬蓬勃勃的風起雲湧了。」及至民國十七年，終於完成全國統一。「北伐的成功，可以說是中華民族百年來在帝國主義不平等條約重重壓迫之下，翻轉身來，寫成這一頁悲痛壯烈的歷史，所以人心的振作，民氣的激昂，政治的統一，軍事的建立，亦具有初步的基礎。」（中國之命運）這是民族復興運動第二個重大成就。

㈢**廢除不平等條約**　爲了擺脫「次殖民地」的地位，恢復國家的獨立與平等，　國父直至臨終時，仍叮嚀國人務須於最短期間「廢除不平等條約」。自民國十四年，國民政府成立後，迭經奮鬪，於十六年收回漢口、九江英租界。十八年收回天津比租界，鎭江英租界。十九年收回威海衞英租借地，厦門英租界。十七年發表重訂平等條約宣言，美國首先承認關稅自主，簽訂整理兩國間關稅條約。十八年起，與各國談判廢除領事裁判權，後因九一八事變而終止。三十一年雙十節前夕，美、英等國爲表示同盟國間之團結，聲明放棄在華治外法權及其他特權。三十二年一月十一日簽訂中美、中英平等新約，此後比利時、挪威、古巴、加拿大、瑞士、荷蘭、法國、丹麥、瑞典、葡萄牙等國亦相繼與我國訂約或換文。百餘年來，我國所受不平等條約的束縛終告解除，中國國際地位平等的要求，亦告實現。這是民族復興運動第三個重大成就。

㈣**擊敗日寇收復失地**　自甲午戰爭起，日本卽處心積慮亡我中國。第一次世界大戰後，歐洲列強無暇東顧，日本帝國主義意圖更爲明顯積極，而爲「侵犯我中國獨立，妨害我中國生存，破壞我中國革命，阻撓我中國復興建設之大敵。」民國十六年，正當革命軍北伐最順利時，出兵山東，十七年發動濟南事變，造成「五三慘案」，企圖阻我統一。民國二十年製造「九一八事變」，出兵強佔東北，致使政府本於安內先於攘外之原則，消除內憂，剿滅共產黨的工作，未竟全功，而爲我民族浩劫的淵藪。民國二十六年復發動「盧溝橋事變」，展開全面侵華戰爭。國家民族至此已至存亡絕續的關頭，對日抗戰，遂告展開。全國軍民在先總統　蔣公領導下，經八年浴血苦戰，大小戰役四萬餘次，官兵傷亡三百二十一萬五千餘人，終於民國三十四年獲得最後勝利，收復臺、澎與東北，並躋國家於世界四強之一。這是民族復興運動第四個偉大成果。

㈤**消滅共匪復國建國**　在民族復興運動中，不論是北伐或抗戰，共匪一直不遺餘力的加以阻撓破壞。抗戰時期，共匪「始終與日軍的侵略戰事相呼應，一面對我國軍乘虛蹈隙，內外夾擊；一面更在社會各階層乘機滲透，潛伏煽惑。」（蘇俄在中國）抗戰勝利後，俄帝役使中共全面叛亂，大陸各省終於關入共產帝國主義的鐵幕，淪爲俄帝在亞洲第一個新的殖民地，中華民族遭受亙古未有的浩劫。

爲挽救民族的危機，促進民族的復興，先總統　蔣公指示國人：「不只是要爭取反攻勝利，同時還要保證復國建國的成功。不只是要徹底消滅共匪餘毒，同時也要徹底實現三民主義，奠定人民現代生活的基礎。我們不特要解決當前的困難，同時更要預防將來共匪死灰復燃的禍因，我們不但是要維護大多數人民的利益，更要實現自由、樂利、均富的民生主義經濟制度，以『育樂兩篇』爲藍圖的社會建設。」（復國建國的方向和實踐）要言之，我們反共復國的奮鬥目標有三：「一、國家統一——貫徹反共國策，光復大陸國土，復興民族文化，維護世界和平。二、政治民主——實行民主憲政，保障全民平等，尊重人性人權，建立法治社會。三、經濟自由——發展經濟建設，保障自有財產，增進人民生活，實現全民均富。」

二、推行中華文化復興運動

㈠復興中華文化的意義　文化是民族生活方式的總和，也是民族精神的結晶。文化有培育灌溉民族生命的功能，所以　蔣公說：「一個民族珍視他自己的歷史，愛護他自己的文化，……這就是民族主義的精神所在。」（蘇俄在中國），是以亡人國家者，首先即是廢絕其民族文化。今日中共為達成其使中華民族精神變質的目的，對我民族靈魂所託的歷史文化，不遺餘力的橫肆摧殘，我們致力於反共復國，就必須致力於中華文化的復興。

所謂中華文化的復興，決不是文化的復古，而是以中華固有文化的精華做基礎，融匯現代的新思想、新知識，而作不斷的創新。先總統　蔣公說：「我們今天就還有不少人誤以為復興文化，是消極的，是復古的，殊不知，中華文化有其日新的特質，亦有其創新的精神。『復』是恢復其固有已失的潛力，所以其義乃是復生，而『興』是創造其與時俱進的活力，其義乃為發揚。所以文化復興運動，不止是積極的，而且是向前的，也不只是要發揚本身的優點，而且是要吸收外來的長處。」又說：「文化者，乃存神過化、日新又新之意，而決非保守復古、墨守成規、執一不化者所得稱為文化，更不能謂其為文化復興了。」（五十七年慶祝　國父誕辰暨文化復興節紀念大會致詞）

㈡復興中華文化的途徑

先總統　蔣公說：「中華文化的精髓，就是以倫理、民主、科學爲內涵的三民主義，因爲倫理所以盡己之性，其本在於仁；民主所以盡人之性，其道在於義；而科學所以盡物之性，其效在於智；這種『成己仁也，成物智也』而『達人義也』的文化，就是我們中華民族的傳統文化，尤其是我們先民先哲遠在二千五百年以前，就爲我們提出了天下爲公的大同思想，而　國父所手創的三民主義，今天更爲一切血氣之倫所景仰嚮慕的鵠的。所以中華文化復興運動，乃爲倫理、民主、科學之發皇，亦卽爲三民主義的實踐運動。」（同上）其實踐途徑如下：

1. 倫理文化的復興　倫理文化之復興，固然是要看重內修自律的工夫，從生活規範做起，把倫理道德涵泳於日常生活教育之中；而亦當兼重社會教育的羣體夾輔，使不肖者亦得自進於正人君子之域。今天十分重要的，就是要鼓舞一般人的同情心，以去其冷漠殘忍之私；鼓舞其合羣心，以救其孤陋傲睨之弊；鼓舞其民族的自尊心和自信心，以祛其偏私、卑怯、依賴、頑固之愚；使我們的青年都能明禮義、知廉恥，成爲歸向民族文化與道德的青年，使我們的國家無愧其爲「禮義之邦」的國家。

2. 民主文化的復興　今天民主自由，旣是全民的權利，亦就是全民的責任，故大家要防止民主自由的偏差與濫用，更要同心協力來貫徹民主憲政，推行廉能政治。無人踰越自由民主，亦無人不爲自由民主而盡力。使我們的民主，成爲導之以德、齊之以禮的民主，使我們的政治，成爲責任的政治，全民的政治，卽現代的政治。

3. 科學文化的復興　我們今天要迎頭趕上科學，就不但要以科學的方法，來厚生養民，發展經濟，加強自衞；也要以科學的精神，來做爲每一個人爲學、治事、修身、立業的準據。使之人盡其才，又進而能擴大其對物的利用，做到「貨惡其棄於地也，不必藏於己，力惡其不出於身也，不必爲己」的物盡其用的境地。所以科學不能是一個名詞，一句口號，而是要成爲一種全體人民的生活行動，全國的常識教育，讓我們的科學化，眞正的成爲正德、利用、厚生、修齊、治平的科學文化之建設。

三、復與基地文化建設的成就

㈠**推行民族精神教育**　民族精神教育的目的，一方面要協助全體國民認識並接受民族文化；另一方面則培養並提升國民從事民族文化創新的能力，從而建立民族的自信心。自政府在各級學校推行民族精神教育以來，對全民愛國情操及民族意識的加強，以及反共復國信念的堅定激勵，都發生深遠的影響，尤其近年來國家迭受頓挫，但並未動搖國民對國家民族的自信心與向心力。

㈡**普及國民教育**　爲提高國民素質，有賴教育的普及與發展，所以政府從五十七年起，將國民教育延長爲九年。尤其爲適應時代需要，近正研訂強迫入學條例，並實施「延長以職業教育爲主的國民教育」方案，以提高人力素質，加速國家現代化。

㈢**發展全民體育**　爲了使國民身心得到均衡的發展，政府對於全民體育的提倡，不遺餘力。現代化的體育館、體育場近年來在各縣市普遍設立，各種運動會經常舉行，政府設有專責機關督導與策劃。尤其九年國民教育實施後，全民體育的推展，更著績效，對國民身心的健康，發生深遠的影響。

㈣**建設現代國防**　政府遷臺後，整軍經武，發展並壯大革命武力。由於軍制的建立，裝備的更新，訓練的加強，使國軍步入現代化國防武力的地步，而且經多年來的努力，國防科學的進步與發展，使復與基地的現代國防建設，紮下堅實雄厚的基礎。復興基地現代國防建設的鞏固與加強，無異對我民族生命的綿延發展，提供了最可靠的保障。

㈤**加速科技發展**　發展科學，迎頭趕上歐美，是我們實踐民族主義，恢復民族地位的根本要圖之一。政府遷臺後，先總統　蔣公稟承　國父遺教，主張科技建國，並一再指示科技發展應全面兼顧，以建立現代化國家，造福全民。而今蔣總統經國先生更指示加速科技建國。近二、三十年來，復興基地全力推動科技現代化，其對科學教育與科學人才之培育已有相當的成就，對基本科學、國防科學、工業、農業、交通、醫藥與公共衛生、人文及社會科學、原子能應用等研究，都全面兼顧，並有顯著成效，因而帶動經濟的發展，普遍受到各國之重視。

㈥**扶植山地同胞**　自政府光復臺灣後，對山地同胞的扶植即不遺餘力，例如山胞人口繁殖的保護，提高教育文化水準，山地鄉自治制度的輔導，山地生活資源的保障，山地經濟的開發與山胞生活的改善，均有卓著成效，確已依照「建國大綱」第四條，「對於國內之弱小民族，政府當扶植之」的原則，而達到「中國境內各民族一律平等」的目的。

四、現階段實踐民族主義的要務

㈠**加强民族團結**　國父曾指示我們，要恢復民族地位，先要恢復民族精神，而恢復民族精神的方法之一，就是要合羣，只要「結成了國族團體」，「共同去奮鬥，無論我們民族處於什麼地位，都可以恢復起來。」而今天，爲粉碎共匪分化我民族的陰謀，加強民族團結尤爲重要。須知「我們『合』就是勝利，就是成功；我們『分』就是失敗，就是毀滅。如果我們本身是團結的，是堅強的，就可以抵抗共匪的分化，反擊共匪的滲透；如果我們不能團結，共匪就能逞其分化滲透的陰謀。」（蔣總統經國先生：衝破橫逆再開新局）尤其我們要認清，今天復興基地的同胞，均屬同舟一命，禍福與共，必須無分彼此，緊緊的團結在一起，以無比堅定的行動，粉碎共匪一切離間分化、滲透顛覆，以無比勇敢的奮鬪精神，爭取共同的勝利與成功。近年來，國際姑息氣氛瀰漫，我們的處境愈險惡，今後應如何更加強並更擴大民族的團結，實爲現階段的重要課題。

㈡**堅持國際正義**　先總統　蔣公說：「中華民族的文化傳統，是堅持正義，愛好和平。」（爲聯合國通過非法決議告全國同胞書）我國「每一頁革命歷史，都在明白的證驗著，我們革命者一向是孤軍奮鬪的！是孤立於險阻艱難之中，孤立於道義正氣之上的！」（我們國家的立場和國民的精神）雖然如此，「我們對　國父所昭示的『對世界負一個濟弱扶傾的責任』之遺教，確已積極實踐，不愧不怍。」（同上）第二次世界大戰期間，爲了要發揚國際正義以維繫世界和平，我們參加聯合國憲章的起草，促成聯合國組織的成立。民國六十年我國退出聯合國，　蔣公在「告全國同胞書」中說：「現在我國雖已退出我們所參與艱辛締造的聯合國，但是我們今後在國際社會中，必當仍以聯合國憲章之宗旨爲準繩，繼續爲維護國際間公理正義與和平安全而勇毅奮鬪。」因爲「歷史的事實告訴我們，維護正義的道德勇氣，乃是世界安全和平的堅固磐石，而強權政治的霸道運用，則是走向戰爭的道路。」所以基於對世界、對人類的責任感，我們堅持國際正義，始終不渝。

㈢**完成反共大業**　反共是國民革命的第三期任務，「今後我們也只有堅持走反共到底的這條路，才是民族生存國家成功之路，這卽是說，我們反共到底的決策，並不是別人所講的什麼政治上的成見、意氣或恩怨，而是關係國家民族生死存亡的根本問題，也就是我們能不能保持一個屬於眞正中國人的中國，抑或是聽任大陸八億同胞成爲馬列主義試驗場的犧牲品。」（蔣總統經國先生：衝破橫逆再開新局）因此，我們要維繫民族的生存，使中國屹立於世界，就是堅持反共復國的國策，以破釜沈舟的決心，完成復國的大業。

㈣**促進永久和平**　先總統　蔣公說：「　總理革命的動機是不僅救國，還要救全世界人類。他是要根本除去足以妨礙人類生存的一切不良勢力和現象，要剷除社會上的不平，要建設民有、民治、民享的國家，進而建立和平共存的大同世界。」（三民主義之體系及其實行程序）　國父說：「欲泯除國界而進於大同，……必須人人尚道德，明公理，庶可致之。」（中國革命史）所以要「建立和平共存的大同世界」，必須從道德文化方面著眼。由於「東方的文化是王道，西方的文化是霸道。講王道是主張仁義道德；講霸道，是主張功利強權。講仁義道德，是用正義公理來感化人；講功利強權，是用洋槍大砲來壓迫人。」（大亞洲主義）這種東西文化的衝突，引致世界的大動亂。其解決的根本辦法，是將西方文化的民主與科學，植基於以仁義道德爲本質的東方文化之上，先總統　蔣公說：「民主如不植基於倫理——八德，尤其在忠孝與信義之上，則民主反將爲政治野心家所利用，而成爲暴民的或極權的民主，甚至如共產國際主義者，亦假冒民主共和的美名，以出賣民族國家而恬不知恥。同樣的，如科學不能植基於倫理——八德，尤其在仁愛與和平之上，則科學亦卽爲國際侵略者所操縱，而成爲殘害人類控制世界的工具，毫無裨補於民生福利和世界安全的增進。」（對國民大會第三次會議致詞）　國父說：「發揚吾固有之文化，且吸收世界之文化光大之，以期與諸民族並驅於世界，以馴致於大同。」（中國革命史）我們必須遵循　國父此一訓示，將中西文化融會在一起，解決東西文化的衝突，杜塞人類紛爭的亂源，以促進世界永久和平的實現。

參考題

❶ 我國從事民族復興運動有何成就？試述其要。（六十五年普考、六十七年丙等鐵路特考、六十九年丙等基層特考、六十九年電信特考、七十二年丙等國防特考）

❷ 我們推行中華文化復興運動，其主要之目的爲何？試抒所見。（六十七年普考）

❸ 復興中華文化應注重倫理、民主、科學的原因何在？（五十六年中學教師檢定考試）

❹ 試闡明　國父對中西文化的態度。（七十年普考）

❺ 反攻大陸、消滅共匪、解救同胞，爲我政府既定之國策，其與民族主義關係如何？試申言之。（五十一年普考）

❻ 現階段民族主義實踐要務有那幾項？試分別說明之。（六十六年普考）

第三章　民權主義

第一節　民權主義概說

一、民權的意義、作用與來源

㈠民權的意義　國父說：「現在要把民權來定一個解釋，便先要知道甚麼是民。大凡有團體有組織的眾人，就叫做民。」（民權主義第一講）可見民不是個人，乃是指有團體有組織的「眾民」。又說：「甚麼是權呢？權就是力量，就是威勢。那些力量大到同國家一樣，就做叫權。……所以權和力實在是相同，有行使命令的力量，有制服羣倫的力量，就叫做權。把民同權合攏起來說，民權就是人民的政治力量。」而「政治兩字的意思，淺而言之，政就是眾人的事，治就是管理，管理眾人的事便是政治，有管理眾人之事的力量，便是政權。今以人民管理政事，便叫做民權。」（同上）所以簡單說，民權就是人民管理政治的力量，同時在這裏也闡明了一個眞理，那就是：眾人的事要由眾人管理。

㈡民權的作用　國父說：「環觀近世，追溯往古，權的作用，簡單的說，就是要來維持人類的生存。」因爲「人類要能够生存，就須有兩件最大的事：第一件是保；第二件是養。保和養兩件大事，是人類天天要做的。保就是自衞，無論是個人或團體或國家，要有自衞的能力，才能够生存。養就是覓食。這自衞和覓食，便是人類維持生存的兩件大事。」（民權主義第一講）因此，「維持人類生存」便構成了權的第一個作用。人類要經營保和養兩件事，必然會遭遇到許多障礙和競爭，所以人類便要有權，以資奮鬪，而維持生存。但因爲「人類要維持生存，他項動物也要維持生存，人類要自衞，他項動物也要自衞；人類要覓食，他項動物也要覓食，所以人類的保養和動物的保養衝突，便發生競爭。人類要在競爭中求生存，便要奮鬪，所以奮鬪這一件事，是自有人類以來天天不息的。」（同上）由此便知權的第二個作用，權是人類用來奮鬪的。人類由初生以至於現在，天天都是在奮鬪之中。雖然權的演進過程，有神權、君權和民權之分，可是無論是神權、君權或是民權，就其作爲奮鬪的憑藉，以維持人類生存，促進人類進化來講，都是一樣的。引申來說：「民權的作用，也就是要使一般國民能够獲得美滿的生存，並達成進化的目的。」（國父遺教概要）

㈢民權的來源　根據歷史事實來考察，民權是由進化而來的，亦卽「時勢和潮流所造就出來的」。國父說：「推求民權的來源，我們可以用時代來分析。再概括的說一說：第一個時期，是人同獸爭，不是用權，是用氣力；第二個時期，是人同天爭，是用神權；第三個時期，是人同人爭，國同國爭，這個民族同那個民族爭，是用君權；到了現在的第四個時期，國內相爭，人民同君主相爭，在這個時代之中，可以說是善人同惡人爭，公理同強權爭。到這個時代，民權漸漸發達，所以叫做民權時代。」（民權主義第一講）由此可知民權的來源，可分四個時期，由洪荒時代進到神權時代，由神權時代進到君權時代，再由君權時代進到民權時代，都是由於人類長期奮鬪，亦卽由於時勢和潮流所造就出來的。

二、近代的民權革命運動

㈠歐美的民權革命運動　歐美的民權革命運動，經歷了一段長期的發展過程。　國父說：「近代事實上的民權，頭一次發生是在英國。英國在那個時候發生民權革命，正當中國的明末清初。……一百年以後，便有美國的革命，脫離英國獨立，成立美國聯邦政府……。這是現在世界中頭一個實行民權的國家。美國建立共和以後，不到十年，便引出法國革命。」（民權主義第一講）茲略述其經過於次：

1. 英國的民權革命運動　一六二八年，英國國會迫英王查理士第一（Charles I 1600–1649）簽署「權利請願書」（Petition of Rights），掀啟近代民權運動的序幕。翌年，英王查理士第一解散國會，迫害清教徒（Puritans），逮捕議員，引起英王與國會間的武裝衝突。一六四九年，清教徒領袖克倫威爾（Oliver Cromwell 1599–1658）起而革命，查理士第一被俘處死，國體改爲共和，史稱清教徒革命。克氏死後，查理士第二（Charles II 1630–1685）復辟，傳至詹姆士第二（James II 1633–1701）又圖恢復舊教，伸張王權，國會乃於一六八八年，未經流血戰爭，逐出詹姆士第二，迎立其女婿威廉第三（William III 1650–1702）爲王，翌年發佈「權利法案」（Bill of Rights），這就是著名的「光榮革命」，從此英王的權力落入議會與內閣之手，因而奠定了英國立憲政體的基礎。

2. 美國的民權革命運動　一七六五年英國政府實行印花稅於北美殖民地，各州人民紛起反抗，公舉華盛頓（George Washington 1732–1799）爲元帥，於一七七六年七月四日對英宣戰，宣佈十三州獨立，發佈「獨立宣言」（Declaration of Independence），戰爭歷時八年之久，始獲脫離英國而獨立，採孟德斯鳩的三權分立學說，制定世界上第一部成文憲法，組織聯邦政府，成爲近代第一個民主共和國家。

3.法國的民權革命運動　法國因受盧梭鼓吹民權，與美國獨立革命成功的影響，於一七八九年發生大革命，法王路易十六（Louis XVI 1754–1793）被殺，教會與貴族的土地被沒收，招致了所謂「暴民政治」的混亂與恐怖。同年八月廿六日發佈「人權宣言」（Declaration of the Right of man），其精神與美國的獨立宣言略同。法國此次革命，前後延續百年之久，君主共和更迭，其間橫受拿破崙的蹂躪與摧殘，然而民權的潮流，終莫能遏。一直到一八七〇年成立第三共和，民權革命才獲最後勝利。

㈡近代民權革命運動的障礙　依　國父分析，在歐美近代民權革命運動的發展過程中，曾經發生過三次障礙：

1.第一次障礙發生在美國　因美國獨立革命成功後，對於民權的實施問題，見解不同，分成遮化臣（Thomas Jeferson 1743–1826，現通譯爲「傑佛遜」）與哈美爾頓（Alexader Hamilton 1755–1804，現通譯爲「漢彌頓」）兩派。前者相信民權天賦，人性是善的，主張人民有充分的民權；後者以爲人性並非全善，要是性惡的人拿政權去作惡，後患堪慮，便主張有限制的民權，兩派主張完全相反。「遮化臣主張極端的民權，哈美爾頓主張政府集權，　後來主張政府集權派佔勝利，　是民權的第一次障礙。」（民權主義第四講）

2.第二次障礙發生在法國　因法國大革命以後，　人民得到了民權，　以致濫用民權，造成無政府狀態，人人朝不保夕，社會極度恐慌，使以後的人民不敢再主張民權，　國父說：「第二是法國革命，人

民得到了充分的民權，拿去濫用，變成了暴民政治，是民權的第二次障礙。」（同上）

3. 第三次障礙發生在德國　德國俾士麥（Otto Von Bismarck）「用最巧妙的手段，去防止民權，成了民權的第三次障礙」（同上），這是指俾士麥執政時，實行社會政策，以改善人民生活，來緩和德國民權革命的那回事實。

但自　國父逝世後，近代民權運動又發生第四次障礙，那卽是極權主義的崛起。第一次世界大戰結束後，先有俄國共產黨階級專政的極權主義的出現，後有義大利的法西斯與德意志的納粹個人獨裁之極權主義踵起，成爲本世紀反民權的大逆流，其對民權的威脅與阻礙，較之前三次而嚴重。它們假民主之名，行專制獨裁之實，兩者主張雖有不同；但對民權制度及人民自由的摧殘，則無二致。雖然法西斯與納粹的極權主義在二次世界大戰中已爲民權潮流所摧毀，然而共產極權主義卻正變本加厲，與民權潮流作頑強而愚昧的對抗，但證之以歷史事實，其必歸敗亡，乃自然之理。

㈢**中國的民權革命運動**　中國的民權運動，肇始於　國父領導的國民革命。　國父鑒於滿清專制王朝腐敗無能，乃首倡革命，以「傾覆清廷、創建民國」爲目的，爲使革命有計畫的進行，於是「建主義以爲標的，定方略以爲歷程」，所決定的步驟爲：由「立黨」而「宣傳」而「起義」；由「軍政」而「訓政」而「憲政」（中國革命史），較之英、美、法三國的民權革命，隨形勢的發展，自然推演而成者，迥然不同。因而能百折不回，經十次起義失敗，終於辛亥一役，建立亞洲第一個民主共和國。不幸，民國成立之後，袁氏稱帝，溥儀復辟，繼之以軍閥亂政，使中國徒具「民國」之名，而無「民國」之實。所以　國父從民國三年到民國十三年，先後發動「討袁」、「護法」運動，革命歷程備極艱辛。民國十四年，國父逝世後，先總統　蔣公繼承遺志，誓師北伐，統一全國，對日抗戰，獲得勝利，隨卽召開國民大會，制定憲法，實施民主憲政。建國工作甫於展開之際，而包藏禍心的共匪，竟在蘇俄之嗾使卵翼下，擴大叛亂，竊據大陸，使我同胞淪入共產極權之暴政統治。我們要加倍努力，來剷除我國民權運動的最後障礙。

三、中國革命採用民權的理由

近代民主政治的必然產生和必然的發展，完全是人類社會進化的結果。世界的潮流，現在既進到了民權的時代，是沒有任何力量可以阻止得住的。所以　國父說：「我們在中國革命，決定採用民權制度，一則爲順應世界潮流，二則爲縮短國內戰爭。」（民權主義第一講）

㈠**順應世界潮流**　國父認爲「世界潮流的趨勢，好比長江黃河的流水一樣，……無論怎麼樣，都阻止不住的。所以世界潮流，由神權流到君權，由君權流到民權，現在流到了民權，便沒有方法可以反抗。」（同上）現在既是民權時代，「我們要希望國家長治久安，人民安樂，順乎世界的潮流，非用民權不可。」（同上）質言之，中國立國於世界，自不能無視於民權的潮流；所以在過去要推翻君主專制，在今日要剷除共產極權政治，這都是順應世界潮流的必然要求。

㈡**縮短國內戰爭**　依　國父分析：「中國歷史常是一治一亂，當亂的時候，總是爭皇帝。外國嘗有因宗教而戰、自由而戰的，但中國幾千年以來所戰的都是皇帝一個問題。我們革命黨爲免將來戰爭起見，所以當初發起革命的時候，便主張共和，不要皇帝。」（同上）但辛亥革命成功，民國建立之後，仍有許多野心家想做皇帝，「大家若是有了想做皇帝的心理，一來同志就要打同志，二來本國人更要打本國人。全國長年相爭相打，人民的禍害便沒有止境。我從前因爲要免去這種禍害，所以發起革命的時候，便主張民權，決心建立一個共和國。」（同上）這樣「用人民來做皇帝」，自然可以避免紛爭或減少國內的戰爭。不幸今日共匪在大陸上實行共產極權階級專政，卽變相的做皇帝，使歷史倒轉，施行比過去專制帝王還要專制的殘暴統治，逆抗民權潮流，自不爲時代所容，其覆沒之命運，乃是必然的結果。

四、民權主義的意義

㈠民權主義就是「主權在民」的主義　所謂主權在民，就是指國家的主權屬於國民全體，不是屬於任何個人或任何少數人。這也就是　國父所說「用人民來做皇帝」的意思，　國父常以「主權在民」爲言，說明「民權者，民衆之主權也，」（文言本三民主義）；因此，民元制定的「中華民國臨時約法」第二條卽規定：「中華民國之主權屬於國民全體。」惟其主權在民，所以　國父才把人民比作皇帝；惟其主權在民，所以民權主義才有直接民權、革命民權，和人民有權、政府有能等主張；惟其主權在民，所以民權主義的政治才是全民政治。所以說民權主義就是「主權在民」的主義，這是就民權主義的性質來說的。

㈡民權主義就是「政治平等」的主義　國父說：「民權主義是提倡人民在政治之地位上都是平等的，要打破君權，使人人都是平等的。」（民權主義第二講）又說：「民權主義者，打破政治上不平等之階級也。」（軍人精神教育）由此可見民權主義是主張政治平等，全國人民在政治上有一個平等的地位。具體言之，卽

「凡爲國民皆平等以有參政權」（軍政府宣言），「不許有軍閥官僚的特別階級，要全國男女的政治地位都是一律平等」（女子要明白三民主義），所以說民權主義就是政治平等的主義。這是就民權主義的精神來說的。

㈢**民權主義就是「全民政治」的主義**　民權主義既主張主權在民，其於國事則「人人皆應有治之之責，亦應負治之之責」（黨員須宣傳革命主義），因此，所謂全民政治，就是「用四萬萬人來做皇帝」，換言之，即是「人民能够實行四個民權」的政治，此顯與歐美的代議政治有別， 國父說：「我們主張的民權，是和歐美的民權不同。我們拿歐美已往的歷史來做材料，不是要學歐美，步他們的後塵，是用我們的民權主義，把中國改造成一個『全民政治』的民國。」（民權主義第四講）又說：「我們要想是眞正以人民爲主，造成一個駕乎萬國之上的國家，必須要國家的政治，做成一個『全民政治』。」（國民要以人格救國）所以說民權主義就是「全民政治」主義。這是就民權主義的目的或理想來說的。

五、民權主義的特質

㈠**全民政治**　全民政治誠如上述，卽是主張人民能够實行選舉、罷免、創制、複決四個民權的政治，卽以四權直接管理政府，把政治上的主權，拿到人民的手裏，提高人民權力，使人民對政府官吏與議員可放可收，對國家法律可創可改，足以支配萬能政府，不僅避免代議政治的流弊，亦使極權主義無由出現，這是民權主義的理想，也是現代政治發展的新趨向。

㈡**革命民權**　國父深覺天賦人權的理論有缺陷，乃提出革命民權的主張，來作爲民權主義的立論根據，主張「民國之民權，唯民國之國民乃能享之，必不輕授此權於反對民國之人，使得藉以破壞民國。」（中國國民黨第一次全國代表大會宣言）今日，民主國家爲保衞自由民主，對付共黨滲透顚覆的活動事實，更是切合革命民權的意義。

㈢**權能區分**　過去歐美政治最大之癥結在於人民與政府的關係，是處於猜忌、消極、不和諧的狀態，人民不信任政府，政府無法獲得人民賦予的權力，而發揮應有的效能，以致政治退化、民權不彰。國父提出權能區分，爲之解決，主張人民要有充分的「權」，可以管理政府，不怕政府專擅不受控制；政府要有充分的「能」，可以建立萬能政府，爲民眾服務。這樣才能建立一個和歐美現制不同的「完全之民權政治機關」。（民權主義第六講）

㈣**五權分立**　國父創立五權憲法，是要補救歐美三權憲法的缺點，並據以建立五權分立的政府制度，主張採用中國古時考試與監察獨立的制度，融合三權憲法，使三權分立變成五權分立。將三權之間的制衡關係變爲五權之間的分工合作關係，不僅補救前者之缺陷，而且建立一個完全爲民所治的萬能政府。先總統　蔣公說：「這樣五權分立的政府，就是世界上最新最完美的一部政治機器，即是最能爲全體民眾造福的萬能政府。」（國父遺教概要）

㈤**以地方自治爲基礎**　民權主義爲求全民政治的實現，必須施行直接民權，不過在廣土眾民的國家，實行直接民權，在技術上困難必多，如何將之克服？依　國父設計，卽在一國之中，區劃爲若干小單位分別來實行。一國是由各縣組成的，各縣的政權已分別置於人民直接掌握之中，則人民對於一國的政治，自然可以操縱裕如。所以　國父說：「蓋無分縣自治，則人民無所憑藉，所謂全民政治必無由實現。」（地方自治爲建國之礎石）又說：「地方自治者，國之礎石也，礎不堅，則國不固。」（同上）可見地方自治是實現主權在民的手段，是達成全民政治的途徑。

參考題

❶ 國父對「民權」二字如何解釋？（五十一年退除役官兵丙等特考、五十七年退除役官兵丁等特考）

❷ 試述民權主義之基本原則？（六十六年金融丙等特考）

❸ 列舉民權主義中幾個特點並分別簡釋其意義。（四十七年郵政特考）

❹ 試論民權主義的特質？（五十七年普考、六十年大專聯考、六十七年大學聯考、七十年二專夜聯考、七十一年二專日聯考、七十一年教育學院入學考）

❺ 解釋名詞：

㈠ 政治（五十四年普考、五十九年警察丙等特考、五十九年電信特考）

㈡ 民權（五十九年警察丙等特考）

㈢ 政權（五十九年電信特考）

㈣ 主權在民（五十九年、六十七年電信特考、六十二年普考、六十四年鐵路丙等特考、六十五年基層丙等特考）

㈤ 全民政治（六十二年普考、六十八年國防丙特、六十九年關稅特考、六十九年電信特考、六十九年基層特考、六十九年金融機構升等考）

❻ 中國民權革命與歐美民權革命有何不同？（五十五年中教檢定考試）

❼ 略述歐美及中國民權革命運動的經過。（六十五年普考）

❽ 國父逝世之前民權遭遇到什麼障礙？ 國父逝世之後又遭遇到什麼障礙？（五十七年中教檢定考試）

❾ 歐美民權思想發展過程中，曾遭遇何種障礙？試略述之。（五十年中教檢定考試）

❿ 國父主張「全民政治」其理由安在？試詳述之。（六十七、六十九年關稅特考、六十四年公務員丙等特考）

⓫ 何謂全民政治？全民政治與代議政治有何不同？（七十年國防丙等特考）

第二節　革命民權與天賦人權

一、人權與民權

㈠**人權的意義**　欲探討天賦人權，首先必須對「人權」要有所認識，所謂「人」，是指自然人而言，凡具有兩手兩足，五官齊全而和禽獸不同的，便稱做人。「民」與「人」有別，民是對國家而言，而人係對自然界而論，因之「人權」，顧名思義，是指著人在自然界的社會中應有的自然權利而言。

㈡**人權與民權的區別**　民權為「人民管理政事」（民權主義第一講）之權，政事卽政治性的事務，故民權偏屬政治的範疇，因此民權係指政治社會中所規定公民享有之權利。人權所指的範圍則較廣泛，凡屬人民的基本權利，如自由權、平等權、生存權、工作權、財產權、甚至追求幸福、抗拒壓迫、免除匱乏、免除恐懼……等皆包含其內。因此人權係指一個文明社會中所公認一個人應享之基本權利。依照以上狹義的解釋，民權實為保障人權的手段，而包括於人權之內。但依廣義的解釋，則民權與人權的意義仍屬相通。　國父所謂缺乏進化歷史根據的天賦人權，指廣義的解釋而言。

㈢人權與民權的關係　人權與民權，雖在字義上有別，但其精神又往往相輔為用，歐美早期革命，是以「人權」相號召，但其目的乃是強調民權的實質，因此，民權與人權的關係至為密切。可以說人權為民權的基礎，民權為人權的保障；沒有人權，民權無由實現；沒有民權，亦不足以保障人權。　國父曾說：「我們革命不能够單說是爭平等，要主張爭民權，如果民權不能够完全發達，就是爭到了平等，也不過是一時，不久便要銷滅的。」（民權主義第三講）今日共產國際以人當物役使，蔑視人的尊敬，否定人的價值，既乏人權，更遑論民權。

二、天賦人權與革命民權

㈠天賦人權的要旨　英人洛克（Locke）主張自然權利論，認為人是天生自由平等的，實開「天賦人權」說之先河。其後法人盧梭（Rousseau），將天賦人權的思想發揮得更為透徹且更有系統。　國父說：「盧梭是歐洲主張極端民權的人，因為他的民權思想，便發生法國革命。盧梭一生民權思想最要緊的著作是民約論，民約論中的立論根據，是說人民的權利是生而自由平等的，各人都有天賦的權利，不過人民後來把天賦的權利放棄罷了。所以這種言論，可以說民權是天生出來的。但就歷史上進化的道理說，民權不是天生出來的，是時勢和潮流所造就出來的。故推到進化的歷史上，並沒有盧梭所說的那種民權事實，這就是盧梭的言論沒有根據。」（民權主義第一講）這是　國父對於天賦人權說的扼要說明與批評。天賦人權說在法國革命前，是適合時代要求的學說，也是當時很有力量的學說，因為那時「君權神授說」的理論牢不可破，盧梭的天賦人權說是用以打破君權神授說的。所以　國父又說：「至於說到盧梭提倡民權的始意，更是政治上千古的大功勞。」(同上) 所以　國父不否認天賦人權說之時代價值及貢獻。

㈡**革命民權的要旨**　國父不贊成天賦人權，認爲民權不是天生的，是時勢和潮流造就出來的，必須經由革命的方法爭取得到的，故提出革命民權的主張：「國民黨之民權主義，與所謂天賦人權者殊科，而唯求所以適合於現在中國革命之需要。蓋民國之民權，唯民國之國民乃能享之；必不輕授此權於反對民國之人，使得藉以破壞民國。詳言之，凡眞正反對帝國主義之個人及團體，均得享有一切自由及權利。而凡賣國罔民以效忠於帝國主義及軍閥者，無論其爲團體或個人，皆不得享有此等自由及權利。」(中國國民黨第一次全國代表大會宣言) 先總統　蔣公更明白指出：「　總理所主張的民權，不能隨便賦予於不了解革命主義以及沒有誓行革命主義決心的一切人，這並不是國家對於民權有所靳而不予，乃是爲實現眞正民權而設定此必要之條件以爲之保障。所以本黨所主張的是『革命民權』，而不是『天賦人權』。」(國父遺教概要第二講) 由此可知革命民權具有兩方面的意義，就消極方面來講，乃在避免反對民國之人，破壞民國，就積極方面來講，爲保障眞正民權的實現。

三、革命民權與天賦人權的比較

㈠**權利的來源不同**　盧梭的天賦人權說認爲人民的權利是天生的，即所謂生而自由平等。　國父認爲「民權不是天生出來的，是時勢和潮流造就出來的」，因爲從歷史的事實證明，任何國家必須經過人爲的民權革命，才能建立合理的民權制度。

㈡**權利的享有不同**　天賦人權說認爲民權是天生的，主張人人有權，所以人人都可以享民權，不能以任何理由予以剝奪。　國父的革命民權說，乃指出「唯民國之國民，乃能享之」，凡擁護民國，忠於民國之個人或團體乃能享民權；反對民國或不忠於民國之個人或團體，均不得享民權。

㈢**時代的任務不同**　天賦人權說所負的時代任務有二：第一爲對抗當時的君權神授說以打破君主專制制度；第二爲提倡個人自由和保障個人自由。自盧梭發表民約論開始，至第一次世界大戰結束爲止，可說是天賦人權說的黃金時代，此期間逐一完成上述兩個任務。至於革命民權的時代任務，它在過去曾負起打倒君主和官僚軍閥及一切封建餘孽以鞏固民國基礎的任務；在今日則在保障民主共和的制度，對抗共產極權主義的挑戰。由於國際共黨利用天賦人權在理論上的弱點，便假借民主自由，來摧毀民主自由，在自由民主國家來進行滲透顚覆活動。因此全世界的自由民主國家，今日已普遍遭受空前嚴重的威脅，各國爲了保障自由民主制度的安全，不得不採取自衞措施，相率宣佈共產黨爲非法組織，取消其參政權利，禁止其黨徒活動。這說明革命民權已有取代天賦人權地位的趨勢，並足證革命民權理論的優越與符合當前時代的需要。惟自由世界仍有少數執著於天賦人權的國家，對國際共黨滲透顚覆陰謀，迄無警覺，殊堪惋惜。

參考題

❶ 盧梭倡「天賦人權」其目的何在？試略述之。（六十四年關務丙等特考、六十五年公務人員升等委任考）

❷ 國父對盧梭天賦人權說，作何批評？試扼要說明之。（六十三年關務丙等特考）

❸ 何謂天賦人權？　國父對天賦人權有何批評？（七十年鐵路員級特考）

❹ 試說明革命民權與天賦人權之區別？（七十三年電信特考）

❺ 民權主義所倡之革命民權其內涵如何？衡量當前國家處境，吾人應如何體認實踐，使其成爲有效的反共思想利器。（七十二年高考）

❻ 依照　國父主張，那些人才能够享有民權？那些人不能够享有民權？此主張對當前民主世界有何貢獻？（七十一年大學聯招）

❼ 解釋名詞：

㈠ 革命民權（六十五年鐵路特考、六十七年電信特考、六十九年關稅特考、六十九年基層特考）

㈡ 天賦人權（五十九年電信特考、六十四年鐵路丙特、六十六年金融丙特、六十八年退除役官兵丙特）

第三節　合理自由與眞正平等

一、自由的眞諦

歷來對「自由」二字的解釋，說法不同，若運用不當，常發生許多流弊，如法國大革命後之放蕩自由，卽召致暴民政治的慘劇。因此，我們講民權主義，必先正本清源，說明自由的眞諦。民權主義所主張的自由是合理的自由。所謂合理的自由，卽須以人類理性爲準據，知何者當爲與何者不當爲，所以人類的自由，便隨著理性的發展而有所追求，亦有所約束。因之，合理的自由，實際包括兩個要點：

㈠**自由與理性**　國父說：「英國有一個學者叫彌勒氏的，便說一個人的自由以不侵犯他人的自由爲範圍，才是眞自由。」（民權主義第二講）意思是說：如果侵犯他人的自由，他人也會侵犯你的自由，結果彼此都失掉了自由的保障，這祇是人與人的關係講的。而人類是營共同生活的，不能離羣索居，個人與團體的關係，則是團體不可壓制個人，使之失掉自由；個人也不可擴大自由，以致破壞團體。所以　國父說：「自由的解釋，簡單言之，就是每個小單位在一個大團體中，能够活動，來往自如，便是自由。」（同上）　國父又告訴我們要認淸：「自由不是一個神聖不可侵犯之物，所以也要定一個範圍來限制他了。」（同上）是以個人自由不能踰越一定範圍。孔子說：「從心所欲不踰矩」，最能說明這個意思。這個「矩」，在過去是禮節與道德，在今日則是社會國家公共的法紀與全體的利益。因此這種有限制的個人自由的意義，已不是消極的，而是具有積極的社會化的意義。所以先總統　蔣公說：「自由有兩種意義：傳統的自由，是就個人孤立的觀念，卽消極的意義來說的。簡單的說，傳統自由祇是消極的免除干涉的意思。三民主義的自由，卻是積極的服務人羣，而發展自我的意思。」（反共抗俄基本論第六章第二節）

㈡**自由與法治**　人類基於理性，來考慮個人與團體的自由問題，乃產生權利義務觀念。爲了個人，所要保持的個人自由，就是一種權利；而爲了團體，所必須要限制的個人自由，就是一種義務。何者需要保持？何者需要限制？應當由全國國民自行決定，此卽權利義務完全由全國國民自行決定，才是眞自由。因此，國父指出：「眞平等自由是在什麼地方立足呢？要附屬到什麼東西之上呢？簡而言之，是在民權上立足的，要附屬於民權之上。」（民權主義第三講）由於人民有權，自己來制訂法律，就是其中有任何義務的規定，都是全國國民自由意志的表現。可見自由是存在於民主法治之內，而不存在於民主法治之外。孟德斯鳩曾說：「法律所許可的行爲，人人有權利去做，便叫自由。」先總統　蔣公也說：「自由與法治是不可分的。」「人人僅守法定的界限，始可達到人人都有『自由』的境域；要人人都有『自由』的國家，才可以說是『法治』的國家。」（中國之命運）因知自由爲法治的目的，法治爲自由的保障。而此之所謂法治，必建立於民主之上。

二、個人自由與國家自由

中國革命不提倡個人自由而提倡國家自由，其原因有二：第一、因爲中國人民一向有很充分的個人自由。國父說：「外國人不知道中國的歷史，不知道中國人民自古以來都有很充分的自由，自然是難怪他們。至於中國的學生，竟忘卻了『日出而作，日入而息，鑿井而飲，耕田而食，帝力於我何有哉？』這個先民的自由歌，卻是大可怪的事。由這個自由歌看起來，便知中國自古以來，雖然無自由之名，而確有自由之實，且極其充分，不必再去多求了。」（同上）所以我們不能人云亦云，也像歐美一樣去爭個人自由。第二、是爲了要爭國家的自由。國父曾經多次提到過個人自由與國家自由問題，他強調：「個人不可太過自由，國家要得完全自由。」（同上）先總統　蔣公也說：民權主義主張「合理的自由，就是主張限制個人的自由，以保持人人之自由；犧牲個人的自由，以求得國家之自由。」（國父遺敎概要）所謂國家自由，實卽指國家的獨立，因爲站在民族主義的立場，不特國家獨立比個人自由重要，而且國家獨立是先於個人自由的。不過不是爲了爭國家自由，就去否定了個人自由，而是有限度的限制個人自由。個人自由之所以要受限制，正是爲了國家的公共利益；而個人自由之所以有保障，尤賴國家主權的獨立或國家有完全的自由。

三、自由的內容與限制

㈠**自由的內容**　國父所主張的自由，依如上述概分爲國家自由與人民自由，前者是後者的基礎，而前者又必建立在民權的根基上。所以，民權主義實爲人民獲得自由與保障自由的必要手段。民權主義所主張的自由，其內容通常分爲個人基本自由和政治自由兩類。個人基本自由包括人身自由，居住及遷徙自由，言論、講學、著作及出版自由，秘密通訊自由，宗教信仰自由，集會及結社自由，我國憲法對於上列各項自由，均有明文規定，以資保障。至於所謂政治自由，實卽公民參與政治的權利，指選舉權、罷免權、創制權、複決權而言。

㈡**自由的限制**　自由的限制可以分爲一般的限制與特殊的限制。先就一般的限制來說，例如國家發生戰爭，或遇重大天災人禍，政府得以法律限制人民自由，或增收賦稅，或徵用私人財產，以應緊急之需。此種措施乃任何民主國家自衞所必要，被視爲非干涉自由，而爲保障自由。因爲必須國家安全，人民始能有自由。所以我國現行憲法第二十三條亦有規定：「除爲防止妨礙他人自由，避免緊急危難，維持社會秩序，或增進公共利益所必要者外，不得以法律限制之。」換言之，政府爲了「防止妨礙他人自由，避免緊急危難，維持社會秩序，或增進公共利益」，可以法律限制人民的自由。這就是對自由的一般限制。但　國父認爲對於黨員、軍人、官吏、和學生等四種人的自由不能與一般人民一樣，應加特別限制。　國父說：「要各位黨員能够精神上結合，第一要犧牲自由，第二要貢獻能力。」（革命成功在乎革命黨員有團體）又說：「諸君如欲得完全自由，非退爲人民不可。而在職爲軍人或官吏時，則非犧牲自由，絕對服從紀律萬萬不可。」（自由之眞諦）又說：「當學生的能够犧牲自由，就可以天天用功，在學問上做工夫；學問成了，智識發達，能力豐富，便可以替國家做事，軍人能够犧牲自由，就能服從命令，忠心報國，使國家有自由。」（民權主義第二講）所以　國父認爲黨員、軍人、官吏、和學生等四種人，都不能享受一般人民所享有的自由，應該先犧牲小我的自由，而爲爭取大我的自由而效力。這就是自由的特殊限制。

四、平等的涵義

㈠平等的意義　民權主義的目的，在使「人民在政治上的地位平等」，西方傳統的平等觀念，乃指法律之前，人人平等。我國憲法第七條規定：「中華民國人民，無分男女、宗教、種族、階級、黨派，在法律上一律平等。」此爲法律之前的形式平等，但必須以政治平等的獲得爲前提，卽國家對於一切人民，不賦予任何人以特權，亦不允任何人逃避應盡的義務；亦卽人人在法律上享同樣的權利，負同樣的義務。但近世學者，認爲人與人之間，天賦既屬不齊、環境亦復各異，欲建設眞正的公道，法律的保護與懲罰，亦當有所差別，因此，不惟要求法律之前的形式平等，而且要求生活條件的實質平等。　國父主張民權主義，同時也主張民生主義，所以　國父的平等觀，是與此種社會主義的平等觀是不謀而合的，所以先總統　蔣公說：「平等也有兩種意義：一種是法律之前的形式平等，一種是生活條件的實質平等。我們對於生活條件的平等，更須作正確的解釋，生活條件的平等，並不是報酬的同一，而是大家都站在具有基本生活的經濟條件，和基本知識的教育條件，能得到公道的機會均等。至於報酬同一的平等觀念，就是　總理所說平頭的假平等。大家如站在基本生活和知識水準上，得到機會均等的平等，就是　總理所說的立足點平等的眞平等。」(反共抗俄基本論)

㈡不平等、假平等、眞平等　民權乃以平等爲基礎。爲求確實做到平等，必須以科學精神，明辨不平等、假平等與眞平等的區別。

1. 不平等　國父指出不平等有兩種：一種是天生不平等，一種是人爲的不平等。他說：「天生萬物，除了水面以外，沒有一物是平的。」「天地間所生的東西總沒有相同的。既然都是不相同，自然不能夠說是平等。自然界既沒有平等，人類又怎麼有平等呢？」(民權主義第三講) 天之生人，原有聖、賢、才、智、平、庸、愚、劣之分，此爲天生的不平等。至於人爲的不平等，乃是「到了人類專制發達以後，專制帝王尤其變本加厲，弄到結果，比較天生的更是不平等了。」(同上) 這種由帝王造成的不平等，即是封建時代的「帝、王、公、侯、伯、子、男、民」的階級制度。近代的民權革命，目的就在打破這種人爲的不平等。

2. 假平等　所謂「假平等」，就是不分「聖、賢、才、智、平、庸、愚、劣」，一律求其平等，亦即壓成平頭的平等。這種假平等如果實現，「不管各人天賦的聰明才力，就是以後有造就高的地位，也

要把他們壓下去，一律要平等，世界便沒有進步，人類便要退化。」（同上）

3. 眞平等　就是指立足點的平等。旣讓各人根據各人天賦的聰明才力，站在同一水平線上，自由去發展；因爲各人天賦的聰明才力不同，發展造就自然也隨之而異，但因其最初的立足點是同在一條水平線上，所以這是眞平等。民權主義所主張在立足點的眞平等，不僅是形式上的平等，亦包含了大家謀生活、受教育，以及參加考試、選擇職業的機會平等，具備了實質平等的內涵。

㈢**平等的精義**　國父認爲人爲的不平等，可以用革命的方法來打破，至於天生秉賦不同，而必欲使之做到平等，就要靠人類服務道德心的發揮了。　國父說：「我從前發明過一個道理，就是世界人類其得之天賦者，約分三種：有先知先覺者，有後知後覺者，有不知不覺者。」「要調和三種之人使之平等，則人人當以服務爲目的，而不以奪取爲目的。聰明才力愈大者，當盡其能力以服千萬人之務，造千萬人之福；聰明才力略小者，當盡其能力以服十百人之務，造十百人之福。所謂巧者拙之奴，就是這個道理。至於全無聰明才力者，亦當盡一己之能力，以服一人之務，造一人之福。照這樣做法，雖天生人之聰明才力有三種不平等，而人類由於服務的道德心發達，必可使之成爲平等了，這就是平等之精義。」（民權主義第三講）我們由此可以體認到　國父倡述平等精義的主旨，乃在發展人性中互助、合作、服務、犧牲的道德力量，以補人類天生不平等的自然缺陷，使智者、強者、富者，扶助愚者、弱者、貧者，如此則聰明才智之士，不專爲利己，且兼以利人，社會人羣才能不斷地向上進步。

參考題

❶ 何謂自由？　國父是否將自由分爲「爲何欲爲」與「爲何應爲」兩種？什麼人應犧牲自由？（五十七年中教檢定考試）

❷ 何謂自由？自由要以什麼爲範圍？那些人應犧牲自由？試就　國父與彌勒氏見解答之。（六十三年普考、六十五年警察丁等特考）

❸ 試說明自由的意義。（五十六年退除役特考）

❹ 略述　國父主張黨員、軍人、學生、官吏要犧牲自由的理由。（五十一年退除役丙等特考）

❺ 什麼叫自由？那些人應該犧牲自由，我們應爭取個人自由或國家自由，試分答之。（六十四年退除役丙等特考、六十八年基層特考）

❻ 國父當年訓勉軍人、黨員、官吏、學生要犧牲一己自由，以求得國家民族自由，時至今日，上述人類人員，又當如何？（五十五年普考）

❼ 國父說那些人需要犧牲個人自由，國家才能富強？（七十年退除役丙等特考）

❽ 試述自由與法治的關係。（五十二年中教檢定考試、六十二年國防丙等特考、六十六年關稅丙等特考、六十七年普考一梯次、六十八年國防丙等特考、七十年基層特考）

❾ 試述民權與自由民主之關係。（六十四年退除役丙等特考）

❿ 民主、自由、法治三者的關係爲何？（六十六年普考二梯次）

⓫ 闡釋自由的眞諦？（六十九年普考一梯次）

⑫ 個人自由與國家自由有何區別？分析言之。（五十四年普考）

⑬ 何謂不平等？何謂假平等？何謂眞平等？試說明之。（五十七年、六十八年退除役丁等特考、六十一年電信特考、六十八年、七十二年國防丙等特考）

⑭ 眞平等與假平等之區別何在？試略述之。（五十四年普考、五十八年丁等特考、六十五年基層丙等特考、六十九年臺省公務人員升等考）

⑮ 試說明眞平等與假平等之區別，並申言平等之精義。（五十八年丙等特考、六十四年普考）

⑯ 試闡釋平等的精義。（五十七年電信特考、六十八年關稅丙等特考、六十九年普考二梯次）

⑰ 要實現眞平等應自何著手？（五十年普考）

⑱ 人類天生不平等，當如何補救之？（六十八年普考一梯次）

⑲ 何謂不平等、假平等？如何才能獲致眞平等？（七十年普考一梯次）

⑳ 試依　國父見解，扼要說明服務的人生觀。（七十二年電信特考）

第四節　權能區分

一、權能區分的理由與意義

㈠**權能區分的理由**　權能區分學說是　國父在政治學理上的新發明，他有見於歐美實施民主政治以來，因權力分配不當，引致人民與政府之間的矛盾，民主與效能之間的衝突，因此發明了權能區分。權與能必須加以區分的理由：一是爲了要改變人民對政府的態度。　國父指出：「有一位瑞士學者說：『

各國自實行了民權以後，政府的能力便行退化。這個理由，就是人民恐怕政府有了能力，人民不能管理，所以人民總是防範政府，不許政府有能力，不許政府是萬能。所以實行民治的國家，對於這個問題，便應該想方法去解決。想解決這個問題，人民對於政府的態度，就應該要改變。』」但「歐美學者祇想到了人民對政府的態度，應該要改變，至於怎樣改變的辦法，至今還沒有想出。我們革命主張實行民權，對於這個問題，我想到了一個解決的方法，我的解決方法，是世界上學理中第一次的發明。」這「就是權與能要分別的道理。」（民權主義第五講）二是爲了補救政府無能的缺點。國父同時指出：「有一位美國學者說：『現在講民權的國家，最怕的就是得到了一個萬能的政府，人民沒有方法去節制他；最好的是要得一個萬能政府，完全歸人民使用，爲人民謀幸福。』這一說是最新發明的民權學理，但所怕所欲，都是在一個萬能政府。第一說是人民怕不能管理的萬能政府，第二說是爲人民謀幸福的萬能政府。要怎樣才能够把政府變成萬能呢？變成了萬能政府，要怎樣才聽人民的話呢？」（同上）國父對此所提出的辦法，是實行權能區分。

㈡**權能區分的意義**　我們知道政治學最難解決的問題，就是人民與政府間的關係，國父的權能區分也可以說就是他爲解決這個問題而提出的具體主張。權能區分的主要涵義，就是人民有權、政府有能，並且使權能平衡，換言之，就是一方面人民有四個政權；一方面政府有五個治權，彼此保持平衡。

國父曾說：「政治之中包含有兩個力量，一個是政權，一個是治權。這兩種力量，一個是管理政府的力量，一個是政府自身的力量。」（民權主義第六講）前者就是「權」，亦卽人民的四個政權；後者就是「能」，亦卽政府的五個治權。要「用人民的四個政權，來管理政府的五個治權，那才算是一個完全的民權政治機關。有了這樣的政治機關，人民和政府的力量，才可以彼此平衡。」(同上)所以 國父認爲一方面要人民有充分的「權」，以管理政府，不怕政府專擅不受控制。一方面要政府有充分的「能」，以建立萬能政府，放手辦事，爲國利民福而服務。這樣才能建立一個和歐美現制不同的「完全之民權政治機關」。

二、政權與治權

㈠四種政權　權能區分的「權」，國父稱之爲政權。簡單說，政權就是人民控制政府的力量，其內容爲選舉權、罷免權、創制權、複決權等四種。這四種政權是屬於人民的。選舉權分爲選舉權和被選舉權，卽人民依法有選舉他人擔任議員或官吏，同時也有被選舉擔任議員或官吏之權。罷免權卽官吏及議員，有違法失職或不能代表民意時，原選舉區的人民，有依法罷免之權。創制權卽人民的直接立法權，就是立法機關如不制定人民所希望的法律，人民有依法自行創制法律之權。複決權卽人民對立法機關所制定的法律，有依法經由公民投票，重行表決修正或廢止之權。選舉權和罷免權的作用在管「人」，創制權和複決權的作用在管「法」。人民有了選舉權和罷免權，對於官吏議員則可放可收；有了創制權和複決權，對於法律則可創可改。這樣，既可杜議會的專制，又可防官吏的失職。人民以這四個政權來駕馭政府，正猶六轡在手，則指揮所向莫不如意，故雖有萬能政府，人民就不虞不能控制了。

㈡五種治權　權能區分的「能」，國父稱之爲治權。簡單的說，治權就是政府服務人民的力量。其內容分爲行政權、立法權、司法權、考試權、監察權等五權。這五種治權是屬於政府的。國父說：

「政府替人民做事，要有五個權，就是要有五種工作，要分成五個門徑去做工。」（民權主義第六講）行政權就是政府有制定國家政策、執行國家法令及推動國家政務之權。立法權，就是立法機關有制定法律之權。司法權就是人民訴訟案件，政府有執行審判之權，並有解釋法律之權。考試權就是凡服務公職之人，政府有考選和銓敍之權。監察權就是有監督和彈劾政府官吏，並審查政府財政之權。國父認爲這五個治權必須分工合作，才能發揮政府「做工」的大力量，成爲名符其實的萬能政府。

三、權能區分的比喻與特質

(一)權能區分的比喻

國父在民權主義第五、六講中曾經舉了幾個極爲淺顯的比喻來說明權能區分的道理。這幾個比喻對我們瞭解權能區分的理論與實際最有幫助。第一以阿斗與諸葛亮比喻。國父說：「諸葛亮是有能沒有權的，阿斗是有權沒有能的。阿斗雖然沒有能，但是把甚麼政事都託付諸葛亮去做。諸葛亮很有能，所以在西蜀能够成立很好的政府，並且能够七出祁山去北伐，和吳魏鼎足而立。因諸葛亮和阿斗兩人比較，我們便知道權和能的分別。」（民權主義第五講）這就是說阿斗等於人民有「權」，諸葛亮等於政府有「能」。第二以公司的股東和經理爲比喻。國父說：「現在有錢的那些人組織公司，開辦工廠，一定要請一位有本領的人來做總辦去管理工廠。這種總辦是專門家，就是有能的人。工廠內的事祇有總辦能講話，股東不過是監督總辦罷了。」（同上）這就是說股東有權，總辦或經理有能。第三以汽車主人和司機爲比喻。國父說：「駕駛汽車的車夫，是有能而無權的。汽車的主人是無能而有權的。這個有權的主人，便應該靠有能的專門家去代表他駕駛汽車。」（同上）國父爲說明這個道理，並曾舉出他自己親身經歷的在上海由法租界到虹口坐汽車的故事來作證明。第四以工程師和機器爲比喻。國父說：「機器的本體就是有能力的東西。……管理機器的工程師就是有權的人。無論機器是有多少馬力，祇要工程師一動手，要機器開動，便立刻開動；要機器停止，便立刻停止。」（民權主義第六講）這些比喻，都是　國父用以說明他發明的權能區分的理論，證明權能必須分開，人民要有權，政府要有能。

㈡**權能區分的特質**　權能區分的特質可以分爲三方面來說明：第一、人民與政府的力量彼此平衡。就是說一方面增加人民的權力，由間接民權變成直接民權；一方面增加政府的權力，由權力分散變成權力的集中，這樣權能才能夠眞正得到平衡。第二、人民對政府變消極的監督爲積極的合作。先總統　蔣公說：「由權與能的分別及政權和治權的平衡，便可以從根本上調和歷史上人民與政府間自由與專制的衝突，而建立一個完全爲民而治的萬能政府，爲全體人民謀最大的福利。」（總理遺教六講）這樣，一方面人民既有權控制政府，而另一方面政府的能又在爲全體人民謀福利，因此人民對於政府的態度，必然要由消極的監督變爲積極的合作。第三、政府萬能但無法獨裁。極權政治的發生，一方面固由於少數野心家的專橫，但亦有由於人民要求政府有迅捷的效能而造成，結果變成獨裁，而爲害人民。有了權能區分，政府萬能，自然效能高，但因人民有權控制政府，故政府無法形成獨裁，由此可見權能區分實爲防止極權政治的有效方法。

參考題

❶ 試述權能區分的由來及其內涵？（七十二年基層丙等特考）
❷ 試說明「權」「能」區分的新政治原理？（七十一年基層丙等特考）
❸ 何謂權能區分？ 國父發明權能區分的理由何在？（六十七年普考、六十九年關稅特考、六十九年電信特考、六十九年基層丙等特考）
❹ 試扼要說明「權能區分」之意義？（五十六年、五十七年電信特考、六十六年關稅丙等特考、六十八年普考）
❺ 國父主張權與能要分開，試申述其意義？（六十七年基層丙等特考）
❻ 近世歐美國家實行民治，其人民有畏政府萬能，無法控制者，亦有期望政府萬能，獲致福利者。此一矛盾現象，如何予以解除？試就 國父遺教說明之。（五十一年普考）
❼ 國父在民權主義講演中曾說：「政治之中，包含有兩種力量。」其力量為何？試分別說明，並述其相互之關係。（五十八年丙等特考、六十八年退除役丙等特考、七十年鐵路員級特考）
❽ 權能區分為 國父在政治學上一大發明，其權與能之關係如何？試申述之。（五十九年警察丙等特考）
❾ 人民有幾種政權？政府有幾種治權？（五十八年丁等特考）
❿ 何謂政治？政權？治權？說明政權與治權之關係。（六十五年警察丁等特考、六十二年臺灣省經建丙等特考、六十七年鐵路丙等特考、五十一年、五十七年退除役官兵特考）
⓫ 何謂權能區分？其相互關係如何？試舉例說明？（六十五年鐵路特考）
⓬ 試述權能區分的比喻和特質。（五十八年普考）

⑬ 權能區分爲 國父在政治學上一大發明，其重要性如何？試申言之。（五十九年退除役官兵丙等特考）

⑭ 解釋名詞：權能區分（六十年電信特考、六十四年鐵路特考、六十四年、六十六年退除役丙等特考、六十六年金融丙等特考、六十六年基層丙等特考、六十八年金融雇員升等考、六十八年、七十年國防丙等特考）

⑮ 試述權能區分的主要涵義及其方法（七十三年普考）

第五節　五權憲法

一、憲法概念

㈠**憲法的意義**　國父認爲憲法是「治國的根本大法。」（中華革命黨爲討袁告同胞書）「憲法者國家之構成法，亦卽人民權利之保障書也。」（中華民國憲法史前編序）由此得知憲法的特點有三：第一、憲法是根本大法。所謂「根本」法，就是較普通法律更爲固定與確定的法。所謂「大」法，就是具有最高性質的法，一切法令，不論是中央的抑或地方的，凡與憲法牴觸者一律無效。第二、憲法是保障人民權利的法。政府與人民的關係，都由憲法規定。但一經規定以後，所保障的人民權利，便不受侵犯。

㈡**憲法的來源**　憲法肇始於英國，英國經過革命之後，君權漸被分開，形成三權分立的政治習慣。法國的孟德斯鳩因而著「法意」一書，提出三權分立的學說。美國獨立後，卽根據孟氏學說，用嚴密的法律條文，制定三權分立的成文憲法，總之，憲法的由來，乃由英國三權分立的政治習慣，而產生孟德斯鳩的三權分立的政治學說，更促成美國三權分立的成文憲法。我國憲法乃依據 國父的五權憲法的學理，由國民大會代表全民所制定，憲法前言中卽明示：「中華民國國民大會，受全體國民之付託，依據孫中山先生創立中華民國之遺教，爲鞏固國權，保障民權，奠定社會安寧，增進人民福利，制定本憲法，頒行全國，永矢咸遵。」現行憲法係於民國三十五年十二月二十五日由制憲國民大會通過，經國民政府於民國三十六年一月一日頒佈，同年十二月二十五日施行，這是中華民國憲法的來源。

二、三權分立的缺點及其補救

㈠三權分立的缺點　國父說：「兄弟當亡命各國的時候，便很注意研究各國的憲法。研究所得的結果，見得各國憲法，祇有三權，還是很不完備。所以創出這個五權憲法，補救從前的不完備。」（五權憲法演講）但三權分立不完備的地方是甚麼呢？第一是立法機關兼監察權的不當，第二是行政機關兼考試權的不當，第三是三權相互制衡的不當。茲分述其缺點如下：

1. 立法機關兼監察權，容易形成國會專制　以立法機關而兼操監察權，其結果不是濫用監察權，就是監察權等於虛設。詳言之，倘執政黨議員在議會佔多數，則必竭力擁護政府，監察權無由發揮而形同虛設；倘反對黨在議會佔多數，必恣意攻擊政府，動輒濫用監察權，議員往往用此挾制行政機關，使它不得不俯首聽命，造成國會專制。

2. 行政機關兼考試權，容易發生浮濫弊端　行政機關兼任考試權的結果，則行政機關既擁有用人權，復操有決定資格權，權限太大，難免濫用私人，阻塞賢路，甚至發生請託受賄情事，破壞考試制度選拔眞才的效用，甚且造成貪污瀆職，枉法徇私的流弊。

3.三權之間互相牽制，容易導致政府的無能　孟德斯鳩倡三權分立學說，原以主張政府的權力分立並且互相制衡，以保障人民的自由，用意本善。但政府機關權力之運作，互相牽制，彼此矛盾，力量抵消，導致政府無能。

㈡三權分立缺點的補救　國父爲了補救三權分立的缺點，主張採用中國舊有的考試、監察兩種制度，使三權憲法中的考試權和監察權，分別從行政機關和立法機關中分出並各自獨立，成爲五權分立，並且將三權之間的制衡關係變爲五權之間的分工合作關係，如此三權憲法的缺點可以得到補救。

1.獨立的監察制度可以濟代議政治之窮　從上述我們已瞭解到監察權若不能脫離立法機關而獨立，就勢必形成議會專制及其他種種流弊，若監察權獨立，則消極的可免除議會專制，積極的更可監督政府，彈劾官吏，使政府有爲有守，提高效率。　國父說：「裁判人民的機關，已經獨立，裁判官吏的機關，卻仍在別的機關之下，這也是理論上說不過去的，故此種機關也要獨立。」(三民主義與中國前途演講)所以　國父主張監察權脫離立法機關而獨立，可以補救議會專制或監察權等於虛設的流弊。

2.獨立的考試制度可以救選舉不得其人和濫用私人之失　國父說：「考試如果屬行政部，那權限未免太廣，流弊反多，所以必須成立獨立機關，才得妥當」。(同上)又說：「將來中華民國憲法，必要設立獨立機關，專掌考試權，大小官吏必須考試，定了他的資格，無論那官吏是由選舉的，抑或委任的，必須合格之人，方得有效，這便可以除卻盲從濫選及任用私人的流弊。」(同上)因爲考試權獨立，既可防制濫用私人，又可以救選舉之窮。

3.五權分立且分工合作可以補政府無能的缺點　國父說：「五權分立，這不但是各國制度上所未有，便是學說上也不多見，可謂破天荒的政體……這便是民族的國家、國民的國家、社會的國家，皆得完全無缺的治理。」(同上)由此可知用五權憲法治理的國家，政府發揮分工合作，爲民服務的效能，成爲萬能的政府，當然可以補救三權分立互相牽制，導致政府無能的缺點。

三、五權憲法的創立與特質

㈠五權憲法的創立　國父根據歐美的三權分立和中國固有三權分立，加以融會貫通，便創造了五權憲法的政治制度。

1.歐美三權分立的政治制度　國父說：「憲法是從英國創始的。英國自經過了革命之後，把皇帝的權力漸漸分開，成了一種政治習慣，好像三權分立一樣。……後來有位法國學者孟德斯鳩，著一部書叫做法意，有人把它叫做萬法精義。這本書根據英國政治的習慣發明三權獨立的學說，主張把國家的政權分成立法、司法和行政三權。」(五權憲法演講)這便是歐美三權憲法的來源，其政治制度如下圖所示：

歐美三權憲法政治制度
- 立法權—兼彈劾權
- 行政權—兼考試權
- 司法權

2.中國固有的三權分立政治制度　國父說：「中國專制時代……也有三權憲法，……一個是君權，一個是考試權，和一個彈劾權；不過中國的君權，兼有立法權、司法權和行政權。」(同上)下圖卽中國專制政治制度圖：

中國歷代三權政治制度

- 考試權
- 君權
  - 行政權
  - 立法權
  - 司法權
- 彈劾權

3.五權憲法的政治制度　國父說：「我們現在要集合中外的精華，防止一切的流弊，便要採用外國的立法權、司法權和行政權加入中國的考試和監察權，連成一個很好的完璧，造成一個五權分立的政府。像這樣的政府，才是世界上最完全最良善的政府。」（民權主義第六講）下面即是五權憲法政治制度圖：

五權憲法政治制度

- 立法權
- 司法權
- 行政權
- 考試權
- 監察權

國父知道考試權有拔取眞才之功，監察權有使政治清明之效；所以主張以考試權、監察權，和行政權、立法權、司法權一樣獨立，成爲一種五權分立的制度，而這種制度，對於外國與中國都有所取捨，實在是集合中外政府制度的精華而成，並且是他所「獨創」的政治制度。

㈡五權憲法的特質　五權憲法的特質有二：第一、權能區分而平衡。五權憲法的原理是權能區分，主張人民有四個政權（權），政府有五個治權（能），權能彼此保持平衡。根據權能區分的原理，政府權是集中的，則五個治權祇是五種不同的職務，是不能互相制衡的。否則三權分立已減少政府的權力，使政府無能，五權分立豈不更減少政府的權力，使政府更無能嗎？同時在五權之上，還有國民代表大會，代表人民行使政權，在政權與治權之間相互制衡，便不怕政府的專制。將來直接民權從地方自治團體，擴大到全國，人民直接行使四種政權，與政府的五種治權相制衡，才是五權憲法的最後理想。第二、五權分立而相成。這是說五權一面各自獨立，各有權限，一面相需相成，互相合作。分立的作用是消極的防止弊害，避免專橫。好像考試與行政分立以防止徇情用私，監察與立法分立以防止議會專制，立法與行政分立以防止自立自行，司法與行政分立以防止侵害民權，即是明顯的例證。相成的作用，則在積極的發揮力量，修明政治。比如考試選賢任能，監察澄清吏治，立法制定良法，司法保障人權，都是足以增進行政效率，協助政令的推行，也是很明顯的事例。所以五權分立固然要發揮分立的精神，更要發揮相成的作用。國父說：「蓋機關分立，相待而行，不致流於專制，一也。分立之中，仍相聯屬，不致孤立，無傷於統一，二也。」（中華民國建設之基礎）可見五權不但要分開獨立行使，而且要在「分立之中，仍相聯屬，不致孤立，無傷於統一。」這就是「分工合作」的原則。其與三權分立依據的「制衡」原則，是顯然不盡相同的。

參考題

❶ 五權憲法與三權憲法有何不同？試說明之。（五十五年中教檢定考試、五十九年普考）

❷ 三權憲法有何缺點？五權憲法有何優點？（六十年普考）

❸ 現代所行選舉制度缺點仍多， 國父曾有何具體主張，以救選舉之窮？（五十年普考）

❹ 何以考試制度可濟選舉制度之窮？試申其義。（五十四年中教檢定考試）

❺ 五權憲法何以優於三權憲法？試說明其理由？（六十六年國防丙等特考）

❻ 三權憲法有何缺點？其補救辦法爲何？

❼ 國父創立五權憲法，何以是「集合中外的精華，防止一切的流弊。」試說明之。

第六節　均權制度

一、均權制度的意義

㈠**均權制度的意義**　所謂均權制度，又稱均權主義，就是 國父所說：「凡事務有全國一致之性質者，劃歸中央，有因地制宜之性質者，劃歸地方。不偏於中央集權或地方分權。」（建國大綱十七條）這是對均權制度最簡單扼要的說明。但甚麼是中央集權和地方分權呢？所謂中央集權，就是中央政府有極大的權力，來管理國家的事務，地方政府事事要受中央政府的節制，地方政府不能有所主張。這種制度的優點可使全國有一致的步驟，不易發生地方割據或分裂的現象，但中央政府容易趨於專制獨裁，地方政府處處受束縛，要想發展地方上的事業，或者有甚麼因地制宜的措施也比較困難，這是它的缺點。所謂地方分權，就是把國家權力，分散給地方去處理一切事務，中央政府僅居於監督的地位。這種制度的優點，可以使地方事業因地制宜發展起來，但其缺點爲容易形成各自爲政的地方割據的局面。由此可知道這兩種制度各有利弊，都非完善的制度，所以　國父才創均權制度，作爲釐定中央與地方權限分配的標準。

㈡**我國採用均權制度的理由**　我國幅員廣大，各地情形不同，如何合理釐定中央與地方的關係，自然是一個很重要的問題。自古以來中國政制卽有所謂內重外輕或內輕外重的主張，外國學者也常有中央集權與地方分權的爭論，然皆不免流於偏頗，　國父爲補偏救弊，才提出均權制度的主張。他在中國國民黨第一次全國代表大會宣言所附政綱對內政策第一項中卽明白的規定：「關於中央及地方之權限，採均權主義。凡事務有全國一致之性質者，劃歸中央；有因地制宜之性質者，劃歸地方。不偏於中央集權制或地方分權制。」其後在建國大綱第十七條中的規定，其內容幾完全相同。　國父提出此項均權制度或均權主義的主張，乃是經過深思熟慮，一方面根據中國國情，一方面參酌中外學理折衷至當而得的結論。此種理論的價值，實具有以下三個優點：第一適合國情。因中國幅員遼濶，歷代以來，中央與地方關係調整適當時，則國家太平，反之則禍亂隨生。過度的中央集權，固易形成中央專制，引起地方反抗；過度的地方分權，又常造成地方割據。所以要使中央與地方的關係適當，能彼此恰得其分，均權制度自然是最合理的原則。第二避免極端。中央集權與地方分權各有其優點與缺點，而均權制度的特點，卽在不偏於中央集權或地方分權」。故能取二者之長而去其短，避免各走極端的流弊。第三富有彈性。　國父未將中央與地方的權限逐項列舉詳細劃分，祇作概括性的規定，旨在使此項權限劃分，富有彈性而能適應事務性質，隨時有調整改變的可能。因爲一種具有因地制宜性質的事務，很可能因情勢需要而必須取得全國一致的性質，所以　國父祇提出一個概括性的原則。

二、均權制度的實際運用

㈠中央與地方權限的劃分標準　中央與地方權限劃分的標準，依　國父的意思，是以事權的性質爲劃分的標準。　國父說：「權之分配，不當以中央或地方爲對象，而當以權之性質爲對象。權之宜屬於中央者，屬之中央可也。權之宜屬於地方者，屬之地方可也。例如軍事、外交，宜統一不宜分歧，此權之宜屬於中央者也。教育、衞生，隨地方情形而異，此權宜屬於地方者也。更分析而言，同一軍事也，國防宜屬之中央；然警備設施，豈中央所能代勞？是又宜屬之地方矣。同一教育也，濱海之區宜側重水產，山谷之地宜側重礦業或林業，是固宜予地方以措置之自由；然學制及義務教育之年限，中央不能不爲畫一範圍，是中央亦不能不過問教育事業矣。是則同一事業，猶當於某程度以上屬之中央，某程度以下屬之地方。」（中華民國建設之基礎）申言之，「中央行政與地方行政……一曰中央行政消極的多，地方行政積極的多也；一曰中央行政對外的多，地方行政對內的多也；一曰中央行政政務的多，地方行政業務的多也。」（國民黨政見宣言）依事務的性質，作爲劃分權限的標準，這樣，中央與地方權限的劃分，才能有一合理的標準，各得其宜。如此使國家統一與地方自治，兩不相妨，而不致「偏於中央集權或地方分權」。

㈡均權制度與地方自治的關係　國父既主張均權制度，而又重視地方自治，則必使二者相互爲用，始能發揮均權制的積極功能。就是說地方政府代表中央執行職務時，受中央的監督；而執行純粹的地方事務時，儘可地方自治。因此地方自治成爲實施均權制度重要的一環，如果地方自治不健全，也就難收均權的實效。所以　國父說：「積十一年之亂離與痛苦為教訓，當知中華民國之建設，必當以人民為基礎。而欲以人民為基礎，必當先行分縣自治。」「行分縣自治……而為省長者，當一方受中央政府之委任，以處理省內國家行政事務，一方則為各縣自治之監督者，乃得為之。此吾之主張，所以與中央集權者不同，亦有異於今之言聯省自治者也。」（中華民國建設之基礎）又說：「劃分中央與省之權限，使國家統一與省自治各遂其發達而不相妨礙；同時確定縣為自治單位，以深植民權之基礎。」（北上宣言）可見地方自治與均權制度在實施上是相得益彰，互為表裏的。

參考題

❶ 國父對中央與地方權限的劃分主張採用均權制度，此制之特點和優點何在？試略述之。（六十一年專考）
❷ 何謂均權制？（六十五年電信升等考）
❸ 何謂均權主義？（五十四年普考、六十八年普考）
❹ 何謂均權制度？其優點何在？（六十九年臺省政府公務人員升等考）
❺ 何謂均權制度？我國為什麼要採用均權制度？（六十二年退除役官兵丙等特考、六十九年關稅金融特考）
❻ 何謂均權制度及權能區分？試分述之。（六十八年基層特考）
❼ 試扼要說明均權制度與地方自治之關係。（六十四年公務員丙等特考、六十一年電信特考）
❽ 試述中央與地方之權限應如何劃分？（五十一年中教檢定考試）

第七節　直接民權與全民政治

一、間接民權與直接民權

㈠**間接民權的意義**　直接民權與間接民權相對而言。何謂間接民權呢？　國父說：「從前沒有充分民權的時候，人民選舉了官吏議員之後，便不能够再問；這種民權，是間接民權，間接民權就是代議政體。」（民權主義第六講）由此可見，間接民權就是人民祇有選舉權，人民對於國事祇能委任其選舉的代表來間接管理。

㈡**直接民權的意義**　然則何謂直接民權呢？　國父說：「直接民權一共有四種，叫做選舉權、罷免權、創制權和複決權。這四種權，便是具體的民權，像這樣具體的民權，才是眞正的民權主義。」（三民主義之具體辦法）可知直接民權就是人民以集會或總投票的方式，行使選舉、罷免、創制、複決四種民權，來直接管理國事。

㈢**直接民權與間接民權之區別**　直接民權不同於間接民權，可以從民權內容及民權行使方式兩方面來說明：

1. 就民權內容言　凡人民有選舉、罷免、創制、複決四個權的，稱爲直接民權；如人民只有一個選舉權的，稱爲間接民權，前者才是充分的民權，而後者則是有限度的民權。

2. 就民權行使方式言　政權由人民直接行使，而政府由人民直接控制者，即謂之直接民權；由人民選舉代表代爲行使，而政府由其所舉代表代爲控制者，卽是間接民權。　國父提出實行民治四項方略：⑴分縣自治。⑵全民政治。「以上二者皆爲直接民權、由人民直接行於縣治」。⑶五權分立。⑷國民大會。「以上二者皆爲間接民權，由代表而行之於中央政府」（中華民國建設之基礎），這四項方略，就是以民權行使的方式來劃分的。

㈣**全國之直接民權**　民權主義爲求全民政治的實現，必使人民直接參與政權，以實行直接民權；不過如今採行四種直接民權的國家，仍祇有小國寡民的瑞士，而在廣土眾民的大國，勢非實行間接民權不可，代議制度便從此產生。但是　國父認爲：「如何而後可舉『主權在民』之實，『代表制度』於事實，於學理皆不足以當此。」（中華民國建設之基礎）因此，必須實行直接民權，然則，如中國這樣廣土眾民的大國，要實行直接民權，勢必以地方自治爲基礎，來克服技術上之困難。依　國父的設計，是把一國區畫爲若干小單位——縣，分別來實行，所以　國父說：「一縣之自治團體，當實行直接民權；人民對於本縣之政治，當有普通選舉之權、創制之權、複決之權、罷官之權。」（中國革命史）並主張「民權以縣爲單位……各舉一代表。此代表完全爲國民代表，卽用以開國民大會。得選舉大總統，其對於中央之立法亦得行使其修正之權，卽爲全國之直接民權。」（地方自治爲全國之礎石）所謂「此代表完全爲國民代表」，其意在代表人民行使政權時，「祇盡其能，不竊其權。」（中華民國建設之基礎）亦卽一切都要依據其所代表的民意，而不可憑個人的意見來決定。這無異以間接民權的形式，來行使直接民權，其本質仍是直接民權，亦卽直接民權的精神，由地方貫徹到中央，因而叫做「全國之直接民權」，這也是民權主義中的一大特色。

二、直接民權與全民政治

㈠**直接民權與全民政治的關係**　直接民權與全民政治，可以說名異而實同。國父認爲全民政治卽是國家主權屬於國民全體，國家大事由全體人民直接管理，亦卽「用四萬萬人來做皇帝」的政治，但「四萬萬人要怎麼樣才可以做皇帝呢？就是要有這四個民權來管理國家的大事」（民權主義第六講），這四個民權就是充分的民權，亦卽直接民權。故全民政治乃是實施直接民權的政治；質言之，全民政治是民權主義的理想，而直接民權正是達到此種理想的方法，兩者關係至爲密切。

㈡**縣自治實行直接民權**　誠如上述，在廣土眾民的中國，要實行直接民權，必須以地方自治爲基礎，來克服技術上的困難，國父說：「若底於直接民權，……不宜以廣漠之省境施行之，故當以縣爲單位。」（中華民國之意義）由一縣之人，「以人民集會或總投票之方式」（中國國民黨改進宣言），直接行使選舉、罷免、創制、複決各權。「最要的就是縣自治，行使直接民權；能够有直接民權，才算是眞正民權。」（五權憲法）一國是由各縣組成的，各縣的政權，既分別置於人民直接掌握之下，則一國的政治，自然也就爲人民所主宰了，所以說：「蓋無分縣自治，則人民無所憑藉，所謂全民政治必無由實現。」（中華民國建設之基礎）而全民政治是直接民權的理想。所以只有透過縣自治，行使直接民權，以完成全民政治的理想。

參考題

❶ 解釋名詞：
直接民權（五十四年、六十二年普考、六十七年鐵路丙等特考、六十七年電信特考）
間接民權（五十四年普考、六十八年國防丙等特考）
❷ 直接民權與間接民權有何不同？何謂「全國之直接民權」？（七十年普考二梯次）
❸ 直接民權與間接民權有何區別？試詳述之。（六十年電信特考、六十四年地政丙等特考、六十六年退除役丙等特考、七十二年基層丙等特考）
❹ 實行直接民權，何以能濟代議政治之窮？試詳述之。（六十七年電信特考）
❺ 試述直接民權與全民政治的關係？（六十七年電信特考）

第八節　民權主義與極權主義

一、極權主義的概念

㈠**極權主義的意義**　極權主義是專憑暴力統治的政治思想。就是統治者的權力高於一切，根本否定個人價值，抹殺人民一切權利的一種反民主的政治思想。換言之，極權主義是現代政治上一種專制政治的新形態，此種政治就是把權力集中到極限，使人民的思想、行動，以及願望、忠誠，既不能超越，也不能脫離，尤其不能對抗執政者意志，其罪惡遠非舊時代君主專制所能比擬。極權主義起源於俄國共產黨的無產階級專政，列寧把無產階級的專政，歸結到共產黨專政，又把共產黨專政，歸結到共產黨的少數頭目專政。依列寧對「專政」所下的定義是：「專政的科學概念，並不是別的，而正是無所限制的，不受任何法律，絕對不受任何規律所拘束，直接憑藉於暴力的政權。」可見共產黨的無產階級專政，實際上就是共產黨少數頭目憑藉暴力，而無視於人權與法治的個人獨裁。自列寧死後，俄共政權到了史達林手裏，更是變本加厲，向極權主義的巔峯發展。後來意大利的墨索里尼和德國的希特勒都師其法，而先後建立其法西斯和納粹極權主義的政權。但是大家才知道共產黨的極權主義，遠比法西斯和納粹的極權主義還要頑固厲害。因此我們今天所謂極權主義，實際即指共產黨的極權主義。

㈡**極權主義的特徵**　極權主義的特徵，歸納起來約有以下數點：

1. 個人獨裁。在極權政治之下，一切權力都集中獨裁者一個人的身上，在獨裁者左右的少數親信，表面上看亦有很大的權力，但那只是獨裁者信任而授予的；一旦失去了信任，便難逃被整肅的下場。

2. 一黨專政。在極權主義之下，只允許有獨裁者自己的一個黨的存在，其他的政黨都是非法的。並且這一個黨也只是獨裁者的爪牙集團，用來監視人民和鞏固政權的工具。

3. 人民沒有自由。在極權主義之下，根本蔑視個人的價值與尊嚴，個人的自由權完全被禁止。人民個人生活的各方面，從言論、行動到思想，都要受到嚴格的管制。

4. 秘密警察的恐怖。極權主義用恐怖手段，偵察和鎮壓一切反對的意見，和反抗的行動；非但用來對付被奴役的人民，同時亦用來對付獨裁者手下的官吏、軍人和黨員。秘密警察的監獄，便是「集中營」。

5.獨占的宣傳機構。一切新聞紙、雜誌、廣播電臺、電視、電影，完全由一個宣傳機構控制，成爲獨裁者痲醉人民的工具。

由上述五個特徵看來，我們知道民權主義與極權主義是針鋒相對，根本不相容的。

二、民權主義與極權主義的比較

㈠就政權形式比較　民權主義主張全民政治，極權主義主張獨裁政治，所以民主與獨裁，形成兩者第一個最顯明的對比。民權主義承認主權在民，承認政府的權力爲人民所委託，國家的事務由人民共同管理，遵守服從多數的原則，用自由選舉的方法產生政府。在民權主義之下，法律代表人民的公意，是由人民的代表決定，或利用創制、複決權由人民直接決定。但極權主義則不然，它只承認獨裁者是「超人」，是唯一的主權者，惟有獨裁者的意思和語言，才是眞正的法律；獨裁者的權力是基於武力與陰謀，國家的事務由獨裁者一個人安排，推翻服從多數的原則，變爲服從少數，服從獨裁者個人，所以極權主義又是違反公意，違反法治的政治。

㈡就自由權利比較　民權主義承認人民的自由權利，極權主義則禁止人民的自由權利，所以自由與奴役，形成兩者第二個最明顯的對比。民權主義尊重人性，承認個人自由，在不侵犯他人自由和妨害公共利益的前提下，各依照己願，安排個人的生活，發展個人的前途。民權主義爲了保障個人自由，司法是獨立的，審檢有一定程序，公開又公正。但極權主義則不然，否認人類的自由平等，蔑視個人人格和價值，並主張干涉人民的政治、經濟、學術思想及宗教信仰等自由。就是基本生活中物質的取得，工作的權利，都要由政府統制與決定。在此制度下，更談不上法律的獨立與尊嚴，任何人都隨時有被逮捕、監禁，和秘密處死的可能，人類的生命隨時處在恐懼和毀滅的邊緣。

從以上的比較，可知民權主義與極權主義，無論性質、原則、理論、制度和方法，都完全不同。民權主義主張人民有權、政府有能，要求人民享有政治、經濟及個人基本上的各種自由權利，它是現代政治思想和制度的主流，所以民權主義優於極權主義。

三、共產極權主義批判

㈠反理性的「階級鬪爭」　階級鬪爭爲共產極權主義重要理論之一，依據馬克思的唯物史觀，人類歷史的發展，自然引導出階級鬪爭，「階級戰爭不是實業革命之後所獨有的，凡是過去的歷史，都是階級戰爭史。古時有主人和奴隸的戰爭，有地主和農奴的戰爭，有貴族和平民的戰爭，簡而言之，有種種壓迫者和被壓迫者的戰爭」（民生主義第一講）馬克思並認定「要有階級戰爭，社會才有進化，階級戰爭是社會進化的原動力，這是以階級戰爭爲因，社會進化爲果。」（同上）這便是階級鬪爭的意義。國父對階級鬪爭的理論，不以爲然，他批評說：「人類求生存，才是社會進化的原因，階級戰爭，不是社會進化的原因，階級戰爭，是社會當進化的時候，所發生的一種病症。」「馬克思……只見到社會進化的毛病，沒有見到社會進化的原理，所以馬克思只可說是一個社會病理家，不能說是一個社會生理家。」（同上）於此可知，階級鬪爭是社會進化的病態現象，馬克思據此一病態現象視爲社會進化的原因，顯然是違反了人類的理性，抹殺了人類活動中理智和道德的因素。我們研究人類歷史文化演進的史實，發現近代民權思想的發生，種因於人類理性的覺醒，而社會由亂而治的因素，實由於人類理性的發揚，但由治而亂則由於人類理性的衰敗或泯滅。所以，人類理性才是進步的動力。國父說：「社會之所以有進化，是由於社會上大多數的經濟利益相調和。」（同上）社會的互助與調和，正是解決社會紛爭的最佳理性途徑。

㈡反民主的「無產階級專政」　照馬克思的意思，無產階級不是一般的窮人，乃指工業革命以後失掉生產工具的工人而言。他以為生產工具變成了機器，不再為工人所有，所以叫做「無產」；他們祇能向握有機器的資本家出賣勞動力，而資本家又加以剝削，於是發生反對資本家的共同意識，便形成了「無產階級」。他又認為由於資本主義發達的結果形成財富集中，資產階級人數越來越少，無產階級人數越來越多，無產階級就成了「歷史的選民」，足以奪取政權，實行專政，這是所謂「無產階級專政」的理論。但實際情形，與此恰恰相反，在產業先進國家，資本家並沒有像馬克思所說的那樣壓迫工人，工人也沒有極端的仇恨資本家，以致馬克思所想像的那種無產階級鬪爭，始終沒有發生。反而列寧在產業落後的俄國，運用「土地與麵包」的口號，鼓動饑餓的農民，進行了所謂「無產階級」革命。他很清楚在馬克思主義中，農民不是無產階級，所以奪取政權後，掛羊頭賣狗肉，叫做「工農聯盟」。列寧又認為工農分子，不懂得建設共產主義社會的「歷史任務」，於是提出「無產階級專政，只有經過共產黨才能實現」，使工農分子在名義上叫做統治者，而在事實上，降為被統治者。因此，所有共黨政權的「無產階級專政」，都是由共產黨專政。由無產階級專政到共產黨專政，再到共產黨的首腦專政，於是形成了一種非無產階級的「新階級」。吉拉斯（Milovan Djilus）在其所著「新階級」（New Class）一書中敍述：「這個『新階級』就是官僚，或者更準確地說，就是政治官僚。它除了具有它本身若干新特點之外，還具有以前舊階級的所有特點。」由此看來，無產階級專政只是一種階級政治，而不是民主政治，祇是由共產黨頭子組成之「新階級」，實施獨裁專制的統治。羅素亦曾言：「共產主義不是民主的，所謂『無產階級專政』實際上不過少數人的獨裁，造成一個寡頭的統治階級而已。」

㈢**反事實的「國家萎謝論」**　由於共產黨要實行專政，其必然否定國家是由國民依民主方式共謀福利的互助之體。它曲解「人類歷史，就是一部階級鬪爭史」，「一切的階級鬪爭，都是政治的鬪爭。」在經濟情況支配下，握有政權的階級要實行專政，乃用「國家」名義來壓迫其他階級。馬克思認爲：自有「國家」以來，「社會就是個統治與被統治、剝削與受剝削兩大階級鬪爭的社會」，因此，國家乃統治階級爲保護自己利益而壓迫被統治階級的工具，所以必須廢除國家。要廢除國家，應先消滅階級，因爲有階級的存在，必需有國家，無階級卽無需國家。如何消滅階級？卽先由被壓迫的無產階級取得政權實施專政，然後再由「無產階級專政」，過渡到「無階級的社會」。也就是「無國家的社會」。到那時，國家不是「被廢除」，而是自行「萎去」。馬克思更將無階級、無國家的社會，描繪成一個無剝削、無對立的夢境，而這一社會就是一個「各盡所能、各取所需」的共產社會。但事實絕非如此，以蘇聯的情況爲證，史達林雖然早已聲稱由無產階級專政，消滅了其他階級，照講「階級消逝，國家也歸於消逝」，那麼，蘇聯早該沒有國家了；但實際上，蘇聯及其他共產集團，不僅國家並未萎去，其組織與權力反而較以往任何時代更爲龐大，可見，所謂「國家萎謝論」，確爲一種違反事實的謬論。

參考題

❶ 解釋名詞：
極權主義（六十年電信特考）

❷ 國父主張的全民政治，與歐美代議政治及共產黨無產階級專政不同。試解釋三者涵義，並加以評論。（六十六年普考）

❸ 民權主義的全民政治，遠勝於共產黨的「無產階級專政」。試比較說明之。（七十二年大學夜間部聯考）

第九節　民權主義的實踐

一、建國程序中的政治建設

㈠**軍政時期**　軍政時期行軍法之治，「一切制度，悉隸於軍政之下，政府一面用兵力以掃除國內之障礙，一面宣傳主義以開化全國之人心，而促進國家之統一。」（建國大綱第六條）　國父領導革命，歷經艱辛，終於推翻數千年來的帝制，建立亞洲第一個民主共和國——中華民國，此卽軍政時期最初的成就。

民國十三年一月至八月，　國父在廣州演講三民主義，以開化民心；同年，創建革命武力，開辦黃埔軍校，　國父說：「建設一個新國家，革命軍是萬不可少的。」（革命軍的基礎在高深的學問）民國十四年三月十二日　國父不幸病逝，先總統　蔣公繼承遺志，於民國十五年六月就任國民革命軍總司令，七月九日於廣州誓師北伐，至十七年完成北伐；同年十二月廿九日，東北四省通電擁護中央，全國統一遂告完成。此卽軍政時期政治建設之重要成就。

㈡**訓政時期**　民國十七年八月二日，中國國民黨二屆五中全會決定：開始訓政，推行建設。訓政時期行約法之治，重在訓練人民管理政治的能力，使人民了解三民主義，五權憲法的原則，以作實施憲政，還政於民的準備。同年十月國民黨頒佈「訓政綱領」，成立國民政府，選任　蔣公爲國民政府主席，並依據　國父手訂國民政府建國大綱，設立行政、立法、司法、考試、監察五院，分別行使職權。民國二十年五月，國民政府於南京召開國民會議，通過「訓政時期約法」，並於六月一日頒佈施行。約法前言揭示：「國民政府本革命之三民主義、五權憲法以建設中華民國。既由軍政時期入於訓政時期，允宜約法，共同遵守，以期促成憲政，授政於民選之政府。」由是，三民主義、五權憲法的政治建設理想，得以完成法制化的程序。

民國二十三年三月一日，立法院公佈「中華民國憲法初稿」，徵求全國人民意見，至民國二十五年憲草完成，國民政府於是年五月五日正式公布，此卽「五五憲草」，旋公布「國民大會組織法」與「國民大會代表選舉辦法」，準備制頒憲法，實施憲政。不料，日本軍閥謀我日亟，二十六年七月七日發動侵華戰爭，國民大會不得不延期召開，嗣戰事逆轉，政府西遷，爲加強團結，共禦外侮，翌年七月成立國民參政會，至三十六年六月結束，前後爲時九年，對民權主義的政治建設，發生極大的推動作用，奠立了我國民主憲政的基礎，因而使憲政時期的各種政治建設得以順利進行。

㈢**憲政時期**　民國三十四年八月，抗戰勝利，政府爲了貫徹實施民主憲政的既定目標，結束訓政，著手行憲，雖經共匪多方破壞，但仍然於民國三十五年十一月召開制憲國民大會，十二月二十五日正式通過中華民國憲法，三十六年元旦明令公布，同年十二月二十五日正式施行。這部憲法可以說是凝聚了全民意志，反映了全民心願，保障了全民權益，開拓了全民福祉的建國寶典。民國三十七年三月二十九日召開第一屆國民大會，依據憲法，選舉總統，成立中央行憲政府，這是我國民主憲政建設史上劃時代的里程碑，不特締造了我們國家民主憲政的堂正法統，同時也奠立了我們政治建設堅固不拔的根基。

行憲伊始，共黨大舉叛亂，禍國殃民，橫行無忌，國民大會為賦與元首緊急應變的臨時權限，比照國際先例，及「非常時期之認知不可無，現行憲政之體制不可變」之原則，由大會制定並通過「動員戡亂時期臨時條款」，其目的在求「行憲與戡亂並行不背」，因此，政府在爾後戡亂時期的權力，遂能得到適當的調節，使憲政體制維繫於不墜。

二、復興基地政治建設的成就

㈠維護民主憲政　蔣總統經國先生在民國七十二年十二月二十五日行憲紀念大會上鄭重宣告：「祇要經由憲法產生的中華民國政府存在，中華民國法統必就存在；祇要中華民國憲法存在，中華民國的法統便將永遠存在。」我們憲法所規畫的國體和政體，是一個自立自主的國家，是一個自由平等的社會，是一個本諸人性、理性以謀安和樂利的文化體。因此，無論世局風暴如何險惡，國家處境如何困難，我們推行憲政、維護法統的決心和行動，不容動搖、不容懈怠。

因之，實現民主憲政，為政府一貫的主張，政府遷臺以來，一切政治措施，均以中華民國憲法為依歸。民國三十九年三月一日，先總統　蔣公在臺復行視事後，更積極維護民主憲政。其後，國民大會第二、三、四、五次會議均能依法於臺北召開，　蔣公一直為全民所擁戴，連任總統。民國六十四年四月五日，　蔣公不幸崩逝，全民哀慟，舉世震悼。四月六日，副總統嚴家淦先生，依憲法第四十九條規定，繼任中華民國總統，此充分顯示了民主憲政的法治精神。民國六十七年，國民大會第六次會議依法選舉蔣經國先生為總統，尤為我國民主憲政繼往開來劃時代之大事。

政府除一方面致力於鞏固國家領導中心，發揮五權政制的功能，全面推行政治革新，建立眞正為民服務的廉能政府之外，同時為了強化中央民意機構，擴大民主憲政基礎，特依據動員戡亂時期臨時條款之授權，於民國六十一年開始辦理自由地區增加中央民意代表名額的選舉，順利選出一百十九位中央民意代表，民國六十九年選出了二〇五位中央民意代表，這不僅增添了中央民意機構的新血輪和新活力，也顯示了政府堅決貫徹民主憲政的最大決心。

㈡增進地方自治的效能　地方自治是政治建設的基本工作，也是民主憲政的中心要務。臺灣地區自民國三十九年開始實施地方自治以來，從自治法規的釐訂、行政區域的調整、公職人員的選舉、自治組織的建立，以及自治事業（公共造產）的推行，與自治監督的執行，由於各級政府與各界人士以及全體人民的通力合作和不斷策進，已奠定良好的基礎。在我們的自治法規中，明定各級選舉均採用最進步的普選制度。省（市）議員、縣（市）議員、縣（市）長、鄉（鎭）長、鄉鎭（市）民代表、村里長，均由人民直接選舉，每屆選舉的平均投票率，都在百分之七十以上。為保障婦女、少數民族的參政權，酌採「保障名額」制度；並特別採行公職候選人檢覈制度，以期達成選舉賢能的理想。但政府並不以此現狀爲滿足，仍在不斷銳意革新，力求增進地方自治效能。例如：加強縣市長權限，以加重其職責；調整縣市政府及鄉鎮（市）區公所編制，以健全基層組織；拔擢青年才俊擔任基層幹部，以提高其素質；改善基層人員待遇、福利，以安定基層工作人員情緒；舉辦村里幹事講習，改進基層政治風氣，提高行政效率等，這些都是切合時宜的必要措施，其對現階段的政治建設與政治革新，尤其是對臺灣地區地方自治效能的增進，必能產生決定性的影響。

㈢**貫徹政治革新爲民服務**　政府爲樹立一個誠摯、純潔的開放性社會和典型的民主政治，近年來，在革新政治風氣及改良社會習俗方面的努力，不遺餘力。民國五十八年中國國民黨十全大會通過之「政治革新要項」中，關於「刷新政風」之指示，由政府本持求新、求行、求本之精神，徹底推行以來，確具成效。隨後於民國六十一年五月蔣經國先生接任行政院院長以來，卽提出「十項革新指示」，下最大決心，針對時弊，劍及履及，雷厲風行，政治風氣爲之丕變，收效最大。同年六月，蔣前院長在向立法院作施政報告時，復以「推進爲民服務的廉能政治」爲題，特別強調「要樹立親民愛民的風氣」，並指出：「凡於復國建國大業所必要，於建設現代化國家所必行，於國民福祉所必需的，我們就必毅然戮力以赴，毫不鬆懈；反之，凡是不合時代要求，不合國家民眾利益，有礙行政效率，甚且有背復國建國大計的，我們都必斷然加以棄絕，毫不遲疑。」這已是一個大有爲政府的必有抱負。民國六十三年二月，蔣前院長更表明政府推行四大公開——㈠經費公開、㈡人事公開、㈢意見公開、㈣獎懲公開的決心，更顯示了我們政府是一個廉能的政府。

參考題

❶ 試述臺灣實施民主政治有何重要成就？（六十九年金融機構升等考）

❷ 試闡述三十多年來我復興基地在三民主義政治建設方面的成就？（七十二年普考）

❸ 臺灣省實行地方自治，其成效如何？試略述之。（六十三年基層丙等特考）

❹ 試就地方自治理論與辦法，看臺灣地方自治之實施。（六十八年普考）

第四章　民生主義

第一節　民生主義概說

一、民生與民生問題

㈠**民生的定義**　我們研究民生主義，首先要知道什麼是民生？依　國父的解釋：「民生兩個字是中國向來用慣的一個名詞，我們常說什麼國計民生；不過我們所用這句話，恐怕多是信口而出，不求甚解，未見得含有幾多意義的。但是今天科學大明，在科學範圍之內，拿這個名詞來用於社會經濟上，就覺得意義無窮了。我今天就拿這個名詞來下個定義，可說民生就是人民的生活，社會的生存，國民的生計，羣眾的生命便是。」（民生主義第一講）先總統　蔣公曾對此加以解釋說：「民生雖分爲四個方面，而生活實爲其他三者的總表現；蓋生存重保障，生計重發展，生命重繁衍。換言之，生活即是人生一切活動之總稱。」（國父遺敎概要）

㈡**民生問題的發生**　民生主義是爲解決民生問題而創建的，近代民生之所以發生問題，正如　國父所說：「民生問題，今日成了世界各國的潮流，推到這個問題的來歷，發生不過一百幾十年，爲什麼近代發生這個問題呢？簡單言之，就是因爲這幾十年來，各國的物質文明極進步，工業很發達，人類的生產力忽然增加。著實言之，就是由於發明了機器。」（民生主義第一講）機器發明之後，「本可減省人之勞力，應爲造福於人間，而何以反生出社會之痛苦？所以然者，則機器之發明，而施用於工業也，乃突如其來，而社會之舊組織，一時不能爲之變更，亦不知爲之變更，故無從應付也。」（三民主義手撰本）質言之，由於生產技術突飛猛進，社會組織一時無法適應，被機器代替了的人工，沒有適當的安排，「便有許多人一時失業，沒有工做，沒有飯吃」，「工人便受很大的痛苦，因爲要解決這種痛苦，所以近幾十年來，便發生社會問題。」而「社會問題便是民生問題。」（民生主義第一講）這種情況，是指歐美產業發達的國家講的。至於其他產業落後的國家，則因爲沒有大量運用機器，在產業發達國家經濟侵略下，以致民窮財盡，也發生了性質不同的民生問題。

㈢**解決民生問題的眞諦**　我國也因生產落後，外受開發國家的經濟侵略，社會陷於貧窮落後，人民生活困苦，發生了民生問題。但我們民生主義所要解決的民生問題，非如歐美社會解決某一個人或某一階級的生活問題，而是全體人民的生活問題。誠如「民生就是人民的生活，社會的生存，國民的生計，羣眾的生命便是」這段話，所講的人民、社會、國民、羣眾，都是指全體人民而言，可見民生主義是以謀求全民利益爲目標，既要使之食衣住行育樂不虞匱乏，又要爲之謀取最大的幸福，這就是解決民生問題的眞諦。

二、民生主義的意義

㈠民生主義即是大同主義　國父在民生主義第一講中說：「故民生主義就是社會主義，又名共產主義，即是大同主義。」這是　國父用「已知」釋「未知」的方法來解釋民生主義。「大同主義」乃是我國自古以來最受推崇的政治理念，其內容具見於禮記禮運篇之理想境界中，因此「大同主義」就不止於「求均」一項目標，除了「求均」之外，尚包括有「求富」以及「養民」、「教民」等目標在內。所以國父用「即是大同主義」來作爲民生主義定義的總結，是最適宜於闡明民生主義的全部義蘊。

㈡民生主義就是均富主義　國父說：「但欲行一方策，使物產之供給，得按公理而互蒙利益耳。」（中國鐵路計畫與民生主義）即表示民生主義既非偏重於「生產」，又非偏重於「分配」，是主張兩者並重，亦即主張「求均」與「求富」兩個目標要同時達成。「求富」即要「發達生產以求富」，「求均」即要「平均財富以求均」，既富且均，即是民生主義理想目標的實現，這正與先總統　蔣公所闡述的「均富是總理民生主義的眞諦」（土地國有要義）之旨趣是完全一致的。所以說，民生主義就是均富主義。

㈢民生主義就是民享主義　國父說：「民生主義是由人類思想覺悟出來的。因爲我們既有了土地和主權，自然要想一個完全方法來享受，才能達到生活上圓滿幸福。怎樣享受生活上幸福的道理，便叫做民生主義。」（三民主義爲造成新世界之工具）這裏用「怎樣享受生活上幸福的道理」來解釋民生主義，足見民生主義即在滿足人民食衣住行育樂的生活需要，要使人人都能過著幸福的生活。　國父並進一步說：「民生主義就是要人人有平等地位去謀生活，人人有了平等的地位去謀生活，然後中國四萬萬人才可以享福。」（農民大聯合）由此可知，求富與求均的目的，都在謀求全體人民能享受幸福的生活，因之「民生即民享也。」（黨員須宣傳革命主義）所以說，民生主義就是民享主義。

以上是 國父對民生主義所作的三次不同的解釋。概括的說，就民生主義的內容或理想來說，民生主義即是大同主義；就民生主義的精神來說，民生主義就是均富主義；就民生主義的目的來說，民生主義就是民享主義。

三、民生主義的特質

㈠**養民**　民生主義與資本主義根本上不同的地方，「就是資本主義是以賺錢爲目的，民生主義是以養民爲目的。」（民生主義第三講）「有了這種以養民爲目的的好主義，從前不好的資本制度便可以打破。」（同上）因此 國父在「建國大綱」中強調：「建設之首要在民生。」「對於人民需要，政府與人民當協力共謀發展。」並於民生主義演講中指出：「我們要解決民生問題，不但是要把食衣住行四種需要弄到很便宜，並且要全國人民都能享受。所以我們要實行三民主義造成一個新世界，就是大家對於這四種需要，都不可短少，一定要國家來擔負這種責任。」（同上）由此可知，民生主義是要以國家力量，負起養民的責任，達到養民的目的。

㈡**均富**　國父說：「我們的民生主義，是做全國大生利之事。」「所得富足的利益，不歸少數人，有窮人、富人的大分別，要歸多數人，大家都可以平均受益。」（女子要明白三民主義）又說：「歐美經濟之患在不均，中國之患在貧，貧則宜開發富源以富之。唯富而不均，則仍不免於爭，故思患預防，宜以歐美爲鑑，力謀社會經濟之均等發展。」（中國國民黨宣言）可見民生主義乃透過發達生產以致富，合理分配以求均的方法，要求社會上無相互壓迫搾取之事，使社會上大多數人的經濟利益相調和，造成一個既均且富的福利社會。

㈢**和平**　馬克斯主義用暴力革命的手段，來解決經濟問題，　國父極力反對，因爲用革命手段來解決經濟問題，在俄國沒有成功。民生主義之採用和平方法，一方面是參酌歐美近代經濟進化的事實；另一方面是根據我國社會的實際情形所確定下來的。歐美近代的經濟進化，有四種事實值得注意：「第一是社會與工業的改良；第二是運輸與交通收歸公有；第三是直接徵稅；第四是分配之社會化。這四種社會經濟事實，都是用改良的方法進化出來的。」（民生主義第一講）至於我國的社會情形是患貧，不是患不均。當時土地問題雖已見端倪，但只有小地主，尚無大地主；私人資本尚未發達。此即是說，我國解決土地與資本問題，都是比較容易，不像歐美那樣「積重難返」。所以用平均地權和節制資本二個辦法，便可以解決民生問題。

㈣**自由安全社會**　國父有關社會安全制度的主張很多，如孕婦免服義務、少年接受教育、老弱殘廢接受救濟等都是。先總統　蔣公補述民生主義育樂兩篇，其主要目的，就是要建設自由安全的社會。在舊社會組織瓦解，新社會組織尚未形成之際，必須有計畫的改革我國社會爲自由安全的社會，而不能放任其自然發展，卽將來中國之實業均建設於合作之基礎上，政治與實業皆民主化，各階級互相依賴，在互助互愛的情形下共同生活，人人以其所付出的勞力比例來分沾其利益，全體人民都有生活的機會，有完全的自由，並有充分的娛樂和幸福。

四、用民生主義代替社會主義

㈠**正本清源**　國父說：「我用民生主義來替代社會主義，始意就是在正本清源，要把這個問題的眞性質表明清楚，要一般人一聽到這個名詞之後，便可以了解。」（民生主義第一講）因爲社會主義是要解決社會問題的，而「社會問題便是民生問題，所以民生主義便可以說是社會主義的本題。」（同上）

㈡**解決紛爭**　國父說：「從前的社會主義，錯認物質是歷史的中心，所以有了種種紛亂。」「我們現在要解決社會問題中的紛亂，便要改正這種錯誤，再不可說物質問題是歷史的中心。」（同上）因此國父在指出「歷史的重心是民生不是物質」以後，接著便說：「我們提倡民生主義二十多年，當初詳細研究，反復思維，總是覺得用民生這兩個字來包括社會問題，較之用社會或共產等名詞爲適當，而且又切實又明瞭，故採用這個名詞。」（同上）

㈢**切合需要**　國父說：「歐美社會主義解決社會問題的辦法，至今還是紛紜其說，莫衷一是。」（同上）而細考歐美的社會主義，或僅有理想而沒有方法，或雖有方法而不切實際。因此　國父乃發明了他的民生主義來替代一般的社會主義。而他的民生主義就是有理想、有方法，切合中國實際需要，並足以解決全體人類生存問題的主義。

㈣**範圍博大**　國父說：「民生二字，實已包括一切經濟主義」（關於民生主義之說明），蓋「在今日社會進化中，其經濟問題之生產與分配，悉當以解決民生問題爲依歸。」（同上）質言之，凡著重生產與著重分配的經濟學說，均包括在「民生」之中。因爲民生主義的範圍比社會主義博大，所以只能以民生主義來替代社會主義，不能以社會主義來替代民生主義。

五、二十世紀為民生主義之擅場時代

國父說：「世界各國都是先由民族主義進到民權主義，再由民權主義進到民生主義。」（三民主義爲造成新世界之工具）又說：「二十世紀不得不爲民生主義之擅場時代。」因爲二十世紀世界人類的問題不外民族、民權與民生問題，而三大問題中又以民生問題爲關鍵。由於代表資本家利益的資本主義，和以無產階級利益爲口實的共產主義，都是現代經濟思潮的逆流，其所帶來的社會經濟問題，都造成民生的痛苦。蔣總統經國先生說：「資本主義日久產生流弊，是富者愈富，窮者愈窮，資本主義國家一些識時務的政府和憂時之士，就不得不設法用重稅政策，配合社會福利政策，來抑低富人的財富，照顧窮人的生活，朝著我們民生主義的方向來發展。至於共產主義，更是在蘇俄一開始試驗，就弄到飢餓、死亡、恐佈、民不堪命的局面，結果也就迫使俄共不得不採行所謂新經濟政策，並不得不進一步修正馬列主義的經濟結構，但是由於他們思想體制的關係，這個死結是絕對解不開的。今天不管是資本主義國家、共產主義國家，都在或左或右，或多或少的加以修改，這就正如是　總理所指出的，二十世紀不得不爲民生主義之擅場時代。」（對中國國民黨第十一屆全國代表大會所指「政治報告」）

參考題

❶ 民生之定義爲何？能言之耶？（五十一年退除役丙等特考、五十四年普考、五十九年警察特考）

❷ 何謂「民生」？並說明「民生主義」之特質？（七十二年電信特考）

❸ 民生主義之特質爲何？試詳述所見以對。（七十二年普考一梯次）

❹ 試申論民生主義的特質？（七十二年基層丙等特考）

❺ 民生主義主張養民、均富，以和平的方法，建立自由安全社會，試述其微言大義。（七十一年普考）

❻ 先總統　蔣公提示，現代化經濟的目的和前提，在均富與安和，試就我國過去所遭遇的民生問題與民生主義的特質，略申其義。（七十二年大學聯考）

❼ 試述民生主義以養民爲目的之意義。（五十二年中教檢定考試）

❽ 民生主義經濟目的在求「均富」，其意義及方法如何？（六十八年、六十九年關稅丙等特考）

❾ 國父主張用和平方法解決中國的社會問題，其理由及方法爲何？（六十八年普考一梯次）

❿ 試述先總統　蔣公補述民生主義育樂兩篇之主要目的，並申論之。（七十年普考一梯次）

⓫ 國父何以以民生主義代替社會主義？試述之。（六十二年普考、五十三年中教檢定考試）

第二節　平均地權

一、平均地權的理由與意義

解決我國民生問題，既要發展經濟，又要預防不均，其具體辦法，「就是歸宿到土地和資本兩個問題。」（三民主義之具體辦法）因爲中國一定要由農業社會過渡到工業社會，在此過渡時期，土地問題必須獲得解決。所以民生主義「頭一個辦法，就是解決土地問題；解決土地問題的辦法……就是平均地權。」

（民生主義第二講）

㈠**平均地權的理由**　平均地權的理由可由下面二點來說明：

1. 防止操縱　國父說：「釀成經濟組織之不平均者，莫大於土地權之為少數人所操縱。」（中國國民黨第一次全國代表大會宣言）「土地若歸少數富者之所有，則可以地價及所有權之故，而妨害公共之建設，平民將永無立錐之地矣。」（民生主義之眞義）故地權之所以必須平均，即是要防止少數人操縱土地所有權不合理的現象。

2. 消除投機　國父說：「地權既均，資本家必捨土地投機業，以從事工商，則社會前途，將有無窮之希望。蓋土地之面積有限，工商之出息無限，由是而製造事業日繁，世界用途日廣，國利民福莫大乎是。」（平均地權）故地權之所以必須平均，卽是要消除土地投機業，以謀求國利民福，並可達到大多數人幸福之目的。

㈡**平均地權的意義**　國父說：「當改良社會經濟，核定天下地價，其現有之地價仍屬原主，所有革命後社會改良進步之增價，則歸於國家，為國民所共享。」（中國同盟會軍政府宣言）基於此，凡消除土地所有權被少數人操縱的現象，使地利歸國民所共享，就是平均地權的基本意義。其旨意在於地權公有、地利公享，而其目的在使全國土地所有權，皆能獲得公平合理的歸屬；同時使全國土地皆能獲得充分利用，其所生之利益又能歸諸全體國民所共享。

二、平均地權的辦法

㈠**自定地價**　國父主張「地價應該由地主自己去定。」（民生主義第二講）為了防止地主以少報多或以多報少，則以照價徵稅和照價收買限制之。「地主如果以多報少，他一定怕政府要照價收買，吃地價的虧；如果以少報多，他又怕政府要照價抽稅，吃重稅的虧，在利害兩方面互相比較，他一定不情願多報，也不情願少報，要定一個折中的價值，把實在的市價報告到政府。」（同上）地價定了之後，不論是照價徵稅、照價收買或漲價歸公，都有了標準。所以定地價是平均地權的基本步驟。

㈡**照價徵稅**　講到照價徵稅，「就有一重要事件，要分別清楚。就是地價是單指素地來講，不算人工之改良及地面之建築。」（同上）至於稅率，國父常說：「值百抽一」或「值百抽二」，主張由民意機關決定。

㈢**照價收買**　照價收買有兩種情況：第一是地主以多報少時，政府即以此法防止；第二是政府需用土地時，如開闢交通、設立學校等，都可隨時徵收之。所以照價收買，是國家對土地行使最高支配權。但照價收買和照價徵稅一樣，係按原報之素地地價為準。若有人工改良物或地面建築物，則須另予補償。

㈣**漲價歸公**　地價既定，從此那塊土地的自然增值部分，應歸公有。「因為地價漲高，是由於社會改良和工商業進步。」「推到這種進步和改良的功勞，還是由眾人的力量經營而來的，所以這種改良和進步之後，所漲高的價，應歸之大眾，不應歸之於私人所有。」（同上）這就是說，土地漲價，應由社會大眾所共享。

三、平均地權與土地國有

㈠**土地國有的意義** 先總統 蔣公在「土地國有要義」中說：「 總理對於土地國有的政策與方法，曾經有了很多明確的指示說：『土地國有之法，不必要收歸國有，若修道路，若闢市場，其所必經之田園廬墓，或所必需之田畝，卽按照業戶稅契時價格，國家給價而收用之。』以及……『惟地不必盡歸國有，收取其需用之地，斯亦可矣。』的話，我們如能將 總理以上所說的話，再簡單而明瞭地演繹出來，那就是『土地國有而民用』，換句話講，亦可說是『國有民享』。」由此可知 國父主張的土地國有的實質，可以說就是「照價收買」和國家有權隨時「收取其需用之地。」因 國父曾經說過：「平均之法，有主張土地國有的，但由國家收買全國土地，恐無此等力量。」（實行社會革命）故主張「地不必盡歸國有，收取其需用之地，斯亦可矣。」（地權不均則不能達多數幸福之目的）這樣，一面允許有限度的土地私有的合理存在，一面國家享有全國土地最高支配權，隨時有權收取其需用之地，這就是 國父土地國有的要義。

㈡**平均地權與土地國有的關係** 從以上的分析：我們知道土地國有與「照價收買」的意思完全相同，僅爲平均地權的一種辦法。 國父說：「今於無可平均之中，籌一自然平均之法，其法若何？⑴卽照價納稅，⑵卽土地國有。二者相爲因果，雙方並進，不患其不能平均矣。」（平均地權）又說：「民生問題兄弟主張實施稅契，及平均地權之法：⑴照價納稅，⑵土地國有。……今我所以自定地價納稅，但有土地國有權，以限制之。若以自定地價爲輕，國家可收取爲國有。」（續論平均地權）土地國有既不過爲平均地權的辦法之一，因此自亦不是平均地權的目的了。　國父所主張的土地國有，旣允許有限度的土地私有的合理存在，自亦絕非今日匪俄所實行的「土地國有」，根本不容許私人取得土地所有權，他們採取暴力手段將私人土地一律沒收，於是匪俄變成唯一的大地主，所有使用土地的人，都變成此一大地主的租戶或佃農。所以今日匪俄所實行的「土地國有」，不過假土地國有之名，而行其共產黨大私有制度之實而已，這一點我們應該辨別淸楚的。

四、平均地權在臺灣的實施

㈠**實施都市平均地權**　平均地權的實施，計分「都市平均地權」及「全面平均地權」兩個階段。民國四十三年，立法院制定實施都市平均地權條例，同年由　總統明令公布，並經行政院指定臺灣省爲施行區域。民國四十五年開始實施後，原條例曾於民國四十七年、五十三年、五十七年作三度修正。實施以後，對都市土地投機壟斷之風的遏抑，以及土地利用價値之提高等雖具績效，但實施都市平均地權以外之郊區土地，以及未實施都市平均地權之市鎭，土地投機壟斷之風日熾，土地之自然增値又均歸私有，不獨造成不公，對國家建設、經濟發展亦每構成窒礙。

㈡**全面實施平均地權**　執政之中國國民黨爲貫徹　國父平均地權以期地盡其利、地利公享之遺教，於民國五十八年三月舉行之第十次全國代表大會中，通過「策進全面實施平均地權及貫徹耕者有其田政策綱領」，提出「爲貫徹平均地權之全面實施，除已實施平均地權之都市地區外，其他都市地區及都市地區以外各地目之土地，應分期分區舉辦規定地價」之主張。民國六十六年一月十八日，立法院通過平均地權條例，同年二月二日由　總統明令公布，茲將平均地權條例之要點列述如下：

1. 規定地價　先由直轄市及縣（市）主管機關分別區段地目，調查最近一年之土地市價或收益價格，依調查結果畫分地價及地價區段，提交地價評議委員會評議後，分區公告，然後由土地所有權人自行申報，申報地價超過公告地價百分之一百二十時，以公告地價百分之一百二十爲申報地價，未滿公告地價百分之八十時，除照價收買外，以公告地價百分之八十爲其申報地價，未如期申報者，以公告地價爲其申報地價。

2. 照價徵稅　地價總額未超過累進起點時，按千分之十五徵收地價稅，超過者則予以累進課稅，最高稅率爲千分之七十。

3. 照價收買　下列私有土地得照價收買：申報地價低於公告地價百分之八十者。申報土地移轉現值低於當期公告土地現值者。超額建築用地依法限期使用，期滿尚未依法使用者。編爲建築用地之出租耕地，經終止租約收回滿一年尚未建築使用者。空地經限期建築使用，逾期仍未建築使用者。

4. 漲價歸公　申報地價後之土地自然漲價，於土地所有權移轉或設定典權時，按累進稅率，徵收土地增值稅，逐漸收歸公有，稅率分百分之四十、百分之五十、百分之六十等三級。漲價歸公之收入，以供育幼、養老、救災、濟貧、衞生等公共福利事業，市區道路、上下水道等公共設施，國宅基金及國民教育之用。

參考題

❶ 爲何要平均地權?並簡述其辦法?(五十四年普考、五十一年、七十年退除役特考)
❷ 民生主義先採取平均地權，其理安在?試論述之?(五十五年中教檢定考試)
❸ 都市平均地權的辦法有幾?試列舉並扼要說明之。(五十七年退除役丁等特考)
❹ 平均地權之辦法有幾?試列舉之，並說明那個辦法最重要?(五十九年警察特考、六十八年退除役丁等特考、七十年鐵路員級特考)
❺ 試述平均地權之意義及其辦法。(五十八年丙等特考、六十四年、七十年普考)
❻ 平均地權的辦法有幾種?何以土地漲價必須歸公?試分述之。(六十三年、六十六年基層丙等特考、六十六年國防特考)
❼ 試說明土地漲價歸公的眞義。(五十五年中教檢定考試)
❽ 土地漲價何以必須歸公?試述其理由?(五十八年丁等特考、五十六年、五十七年電信特考、六十五年公務員升等委任考、六十二年國防特考、六十四年地政丙等特考)
❾ 解釋名詞:
㈠ 漲價歸公(六十三年中國國際商銀行員考、六十四年、六十六年、六十八年、七十年退除役特考、六十四年、六十八年、七十年國防丙等特考、六十七年鐵路特考、六十七年基層特考、六十九年金融升等考、六十九年電信特考、六十九年關稅特考)

(二)地利公享(六十三年電信特考、六十六年金融丙等特考、六十七年關稅丙等特考)

❿試說明平均地權的理由。(七十三年普考)

第三節　耕者有其田

一、耕者有其田的理由和意義

(一)耕者有其田的理由　國父認為在中國所以要實行耕者有其田的理由，就是因為「耕者無其田」和「地不能盡其利」：

1. 耕者無其田　國父說：「中國現在雖然是沒有大地主，但是一般農民，有九成都是沒有田的。他們耕的田，大都是屬於地主的，有田的人自己多不去耕。……現在的農民都不是耕自己的田，都是替地主來耕田，所生產的農產品，大半是被地主奪去了。這是一個很大的問題，我們應該馬上用政治或法律來解決。如果不能夠解決這個問題，民生問題便無從解決。」(民生主義第三講)可見，耕者無其田，他們辛辛苦苦生產出來的結果，不能歸自己享有，為了實現社會公道，就必須實行耕者有其田。

2. 地不能盡其利　國父說：「農民耕田所得的糧食，據最近我們在鄉村的調查，十分之六是歸地主，農民所得到的不過十分之四，這是很不公平的。若是長此以往，到了農民有知識，還有誰人再情願辛辛苦苦去耕田呢？……所以許多農民便不高興去耕田，許多田便漸成荒蕪不能生產了。」(同上)為了使農民高興種田，為了地能盡其利，為了增加農業的生產，就必須實行耕者有其田。

㈡耕者有其田的意義　國父說：「我們解決農民的痛苦，歸結是要耕者有其田。這個意思就是要農民得到自己勞苦的結果；要這種結果，不令別人奪去。」（耕者有其田）因此，耕地不被少數地主壟斷，要為耕田的農民所有，這就是耕者有其田的意義。換言之，耕地所有權歸於耕者擁有，無須向人租佃或為人僱傭，收益不再受人剝削，農民都成自耕農，有田必自耕，不耕者不得田，耕田者就是田之所有者，根本廢除租佃制度，使農民高興去耕自己的田，並完全得到自己勞苦的結果，以達到「地盡其利」的基本要求，從而使農業生產提高，生活獲得普遍改善，以徹底解決農村土地問題。

二、耕者有其田的實施

㈠實施耕者有其田的辦法　國父認為耕者有其田，「是一個很大的問題，我們應該馬上用政治和法律來解決。」（民生主義真義）他的意思是遵循民主政治的立法程序，來達到耕者有其田的目的，使農民得到利益，而地主也有所補償。其辦法有四：

1. 限田　就是限制地主私有耕地的面積。
2. 授田　就是由國家授田給農民。
3. 貸田　就是將新移民區域之土地，由國家收買，長期貸給農民。
4. 保障農民權益　就是由國家制訂法律，保障農民的權利，改善農民的生活，以培養其購買土地的能力。

以上四種辦法，就是達到耕者有其田的最佳途徑。

㈡**臺灣實施耕者有其田的步驟**　臺灣是首先實現耕者有其田的一個省分，其實施可分爲下列三個重要階段：

1. 三七五減租　政府自民國三十八年四月起開始辦理「三七五」減租，規定出租耕地的租額，不得超過主要作物正產品全年收穫總量千分之三百七十五，其原約定地租，超過此額者，減爲千分之三百七十五，凡未超過或不足此數者，亦不得再有增加。

2. 公地放領　自民國四十五年開始，政府將公有耕地優先由承租公地的現耕農承領。放領面積，每戶不超過水田二甲或旱田四甲。公地承領人在規定期限內，繳清地價後就取得土地所有權。

3. 實施耕者有其田　自民國四十二年開始，政府依法徵收地主土地，轉放現耕農承領。被徵收之土地，由政府按照各等則耕地主要作物正產品全年收穫總量兩倍半計算，七成以實物土地債券，三成以農林、工礦、紙業、水泥四大公司股票償付。放領對象爲現耕農。自承領之季起，分十年以實物或同年期的實物土地債券向土地銀行均等繳付。其每年負擔，以不超過三七五減租後的地租爲準。承領人依法辦妥承領手續後，即發給土地所有權狀，其目的務使每一農民均成爲自耕農。

㈢**臺灣實施耕者有其田的成果**　臺灣實施耕者有其田後，獲得如下成果：

1. 增加農業生產　由於土地獲得充分利用，臺灣各項農產品的生產指數，均直線上升。

2. 改善農民生活　農民由於收益增加，變爲有購買力者，對於衣、食、住、行、育、樂六大需要，大爲提高，如過去多以雜糧爲主食，現已改吃白米，副食亦顯著改善，衣、住方面的進步，尤爲驚人，農民子女受教育機會，亦大爲提高，各方面均顯示農民生活水準的改善。

3.促進工商業發達　因爲補償地主的地價，有百分之三十係配發公營事業股票，總額六億餘元，並將工礦、農林、紙業、水泥四大公司，移轉民營，使原來對土地的投資轉變爲對工商業的投資，促進了工商業加速發展。

4.提高農民社會地位　過去農民多數爲佃農、僱農，社會地位偏低。臺灣實施耕者有其田後，農民都變成自耕農，社會地位大爲提高。而且臺灣實施耕者有其田的成功，對大陸農民在「土改」後的悲慘境域，無異是一強有力的政治號召。

參考題

❶ 試述耕者有其田的意義及在臺灣實施所採之程序與成果。（五十四年普考）
❷ 爲何要實行耕者有其田，試說明其理由？（六十六年、六十四年退除役丙等特考、六十八年丙等特考）
❸ 政府在臺灣所實施的耕者有其田，共分爲幾個階段，每一階段所採的辦法是什麼？（六十六年普考、六十九年基層特考）
❹ 試述土地改革三步驟？（六十六年退除役丁等特考）
❺ 試述耕者有其田的成就與經過？（六十八年金融雇員升等考、六十七年電信特考）
❻ 解釋名詞：公地放領（六十六年、六十七年基層丙等特考）
❼ 什麼是三七五減租？（四十四年警察丙等特考）

第四節　節制資本

一、節制資本的理由和意義

㈠節制資本的理由　中國之患在貧，而救貧之道，必加速工業化，以充裕生活必需品的供應。但如僅致力於發展生產，罔顧分配方面之公平合理，勢將形成勞資對立，貧富不均的社會問題，而重蹈歐美的覆轍。　國父說：「文明有善果，也有惡果，須要取那善果，避那惡果。歐美各國，善果被富人享盡，貧民反食惡果，總由少數人把持文明幸福，故成此不平之世界。」（三民主義與中國民族之前途）這裏所講的文明善果，就是工業化的大量生產，增加了社會財富；文明的惡果，就是社會財富集中於少數資本家之手，而把持文明的幸福，造成資本家壟斷的不平世界。所謂取那善果，就是實行工業化，以振興中國的實業，並分個人企業與國家經營「兩路進行」（實業計畫第一計畫），以求政府與人民協力，大量生產，增加社會的財富，而裕民生；所謂避那惡果，就是用節制私人資本和發達國家資本的辦法，防止財富集中於少數人之手。只有這樣，才「不致受資本的害，像外國現在的情形一樣。」（民生主義第二講）

㈡節制資本的意義　國父所主張的節制資本，是節制私人資本。所謂節制資本，不是節制資本的本身，而是節制資本私有所產生的弊害。所謂「節制」，乃調節管制的意思。消極方面，在防止資本家壟斷；積極方面，在使社會財富分配平均，全民普享文明福祉。所以　國父說：「夫吾人之所以持民生主義者，非反對資本，反對資本家耳。反對少數人佔經濟之勢力，壟斷社會之富源耳。」（民生主義之眞義）

在實行工業化的初期，爲了迅速發展生產，私人企業須予扶植與保護。既有私人企業，就難免發生私人財富的集中現象，但又須設法預防其弊害。所以節制資本，便是以私人企業爲對象，既要扶植與保護私人企業，又要預防私人財富集中的弊害，這就是節制資本的意義。

二、節制資本的辦法

㈠限制私人企業經營的範圍　國父說：「中國實業之開發，應分兩路進行：(一) 個人企業，(二) 國家經營是也。凡夫事物之可以委諸個人，或其較國家經營爲適宜者，應任個人爲之，由國家獎勵，而以法律保護之。……至其不能委諸個人及有獨占性質者，應由國家經營之。」(實業計畫第一計畫) 又說：「凡本國人及外國人之企業或有獨占的性質，或規模過大爲私人之力所不能辦者，如銀行、鐵路、航路之屬，由國家經營管理之。使私有資本制度不能操縱國民之生計，此則節制資本之要旨也。」(中國國民黨第一次全國代表大會宣言) 由此可見　國父爲私人企業所劃定的範圍爲：1.無獨占性的企業，2.規模較小爲私人財力所能經營的企業，3.私人經營較國家經營爲適宜的企業，4.國家委託私人經營的企業。除此之外，應爲國家經營之範圍，私人不得經營。對於獨占性的事業，由國家來經營，不特直接有許多好處，而且最大的功用在於間接防止大資本家的產生，以免發生私人資本操縱國計民生的流弊。

㈡直接徵稅　就是徵收直接稅，所謂直接稅，就是由納稅義務人自己負擔，不能轉嫁他人的稅，如所得稅、遺產稅、贈與稅等。　國父說：「行這種方法，就是用累進稅率，多徵資本家的所得稅和遺產稅。行這種稅法，就可以令國家的財源多是直接由資本家而來。資本家的入息極多，國家直接徵稅，所謂多取之而不爲虐。」至於「從前的舊稅法」中的間接稅，「完全取之於一般貧民，資本家對於國家只享權利，毫不盡義務，那是很不公平的。」（民生主義第一講）可見直接徵稅是節制私人資本最重要、最好的方法。

㈢**社會與工業的改良**　「就是要用政府的力量改良工人的教育，保護工人的衞生，改良工廠和機器，以求極安全和極舒服。」（民生主義第一講）此外，如制定工廠法，規定最高工時和最低工資，實施勞工保險以及保護工會等，都是以保護勞工的方法來間接節制私人資本。

㈣**分配社會化**　國父說：「我們要完全解決民生問題，不但是要解決生產的問題，就是分配的問題也是要同時注重的。」（民生主義第三講）又說：「我人知社會貧困，當求生產發達，何生產既多，而社會反致貧困乎？其中原因，實由於生產分配之不適當耳。」（社會主義之派別與批評）所以民生主義主張實行社會化的分配以求均，至於歐美所實行的分配之社會化，則如　國父所說：「英國新發明的消費合作社，就是由社會組織團體來分配貨物。歐美各國最新的市政府，供給水電煤氣以及麵包、牛奶、牛油等食物，就是由政府來分配貨物。就這種分配的原理講，就可以說是分配的社會化。」（民生主義第一講）由政府推行配給制度，或多辦合作社，就可以免除中間商人的剝削，防止商業資本操縱壟斷的弊害。

參考題

❶ 試述節制私人資本的意義與辦法。(六十二年、六十八年退除役丙等特考、五十九年電信特考、六十六年金融丙等特考、七十年普考一梯次)

❷ 試將節制私人資本的具體辦法，一一寫出。(六十八年普考二梯次、五十六年退除役特考、六十五年電信升資考)

❸ 試述節制私人資本之理由。(六十七年鐵路丙等特考、六十七年電信特考、七十一年基層丙等特考)

❹ 實行節制資本的理由及方法。(五十九年、六十年普考、六十四年地政丙等特考)

❺ 實行民生主義何以必須節制私人資本？(六十三年關稅丙等特考、六十四年公務員丙等特考、六十五年鐵路特考、六十七年基層丙等特考)

❻ 政府推行民生主義經濟政策，何以一面主張節制私人資本，而同時又要扶植民營企業，其故安在？(五十五年普考、六十六年、六十七年關稅丙等特考)

❼ 何謂資本主義？國父主張節制資本之理由何在？試分別說明之。(六十九年電信特考)

❽ 國父說：「中國實業之開發，應分兩路進行。」試就民營與國營必須兼顧的道理，加以說明。(六十九年普考一梯次)。

❾ 民生主義在企業方面爲何主張民營與國營兼顧？(七十二年二專夜聯招)

❿ 國父說：「文明有善果，也有惡果，須要取那善果，避那惡果。」試申其義。

⓫ 解釋名詞：累進稅率(六十五年基層丙等特考、六十七年關稅丙等特考)(附解答：就是稅收有一個起徵點，不到起徵點一概不收，超過起徵點越高的，抽稅的百分率越高。這種隨課稅的標準而遞增的稅率，就是累進稅率。)

第五節　發達國家資本

一、發達國家資本的理由與意義

㈠**發達國家資本的理由**　國父認爲要解決中國社會問題，單靠節制私人資本是不够的，還要發達國家資本。他說：「我們在中國要解決民生問題，想一勞永逸，單靠節制資本的辦法，是不足的。現在外國所行的所得稅，就是節制資本之一法。但是他們的民生問題，究竟解決了沒有呢?中國不能和外國比，單行節制資本是不足的。因爲外國富，中國貧，外國生產過剩，中國生產不足，所以中國不單是節制私人資本，還要發達國家資本。」（民生主義第二講）又說：「中國今尙用手工爲生產，未入工業革命之第一步，比之歐美，已臨其第二革命者有殊，故於中國兩種革命，必須同時並舉，旣廢手工採機器，又統一而國有之。」（實業計畫緒言）因爲「中國貧」，「生產不足」，所以必須發展生產以求富，而要發展生產以求富，就非「廢手工採機器」實行工業化不可。但在實行工業化的過程中，又須預防資本主義社會貧富不均的流弊，因此又要「統一而國有之」以實行社會化，就是要發展國營企業，使大資本爲社會所共有。所以實行工業化以求富和實行社會化以求均，實爲　國父主張發達國家資本的兩大理由。

㈡**發達國家資本的意義**　發達國家資本的意義，簡單說，就是發展國家實業，要採用機器生產，開發富源，創造國家資本。　國父常說民生主義就是國家社會主義，所以主張提倡國營實業，採行國家社會主義政策。他說：「現今德國，卽用此等政策，國家一切大實業，如鐵路、電器、水道等務，皆歸國有，不使一私人獨享其利。」(民生主義與社會革命)故分析言之，發達國家資本的積極意義，在大規模發展國營企業以創造國家財富；但是由於大規模的企業都由國家經營，則相對的限制了私營企業範圍，間接的發揮了節制私人資本作用，這是發達國家資本的消極意義。

二、發達國家資本的辦法

國父說：「要解決民生問題，一定要發達國家資本振興實業。振興實業方法很多，第一是交通事業，像鐵路、運河，都要大規模的建築。第二是礦產，中國礦產極其豐富，貨藏於地，實在可惜，一定要開闢。第三是工業，中國的工業，非要趕快振興不可，中國工人雖多，但是沒有機器，不能和外國人競爭。」(民生主義第二講)由此可見發達國家資本的辦法，應先從發展交通、農礦和工業入手。茲分述於次：

㈠**發展交通**　國父說：「交通為實業之母。」(鐵路計畫)又說：「無交通則國家無靈活運動之機械，則建設之事，千端萬緒，皆不克舉。」(政見之表示)所以發達國家資本，初期的重心應在發展交通，冀以交通事業領導工礦的發展。　國父的「實業計畫」就是發達國家資本的藍圖，重心便在開闢商港及城市、修治河道、建築鐵路、公路、製造輪船、火車、汽車等。而且交通事業具有先天的獨佔性，又需要大資本始能經營，故更應由國家經營。

㈡**發展農礦**　國父說：「礦業與農業，為工業上供給原料之主要源泉也。……如無礦產，則機器無從立，如無機器，則近代工業之足以轉移人類經濟狀況者，亦無從發達。」(實業計畫第六計畫)而農業不特為工業提供糧食與原料，而且為工業提供工業產品之市場，由此可見，發展農礦實為建立現代工業的基礎，發達國家資本的關鍵。

㈢**發展工業** 國父認為中國的工業非要趕快振興不可。所以在「實業計畫」中一方面主張興辦製鐵鍊鋼工廠、大士敏土廠、機關車客車製造廠等重工業，另一方面主張興辦糧食工業、衣服工業、居室工業、行動工業和印刷工業等民生工業，可見這是重工業與輕工業並重，國防工業和民生工業的合一。

參考題

❶ 試略述發展國家資本的意義和方法。（六十一年普考）

❷ 為什麼要發達國家資本？怎樣發達國家資本？企業應否完全國營？試述所見。

❸ 發達國家資本何以需節制私人資本。（六十五年警察丙等特考）

第六節　食衣住行問題

一、民生四大需要

㈠**民生四大需要的重要性** 國父說：「民生主義是以養民為目的。」（民生主義第三講）又說：「在今日社會進化中，其經濟問題之生產與分配，悉當以解決民生問題為依歸。」（關於民生主義之說明）所謂「養民」，所謂「解決民生問題」，就是指要為全國人民解決食衣住行的四大需要。國父又說：「我們要解決民生問題，不但是要把這四種需要弄到很便宜，並且要全國的人民都能够享受。所以我們要實行三民主義來造成一個新世界，就要大家對於這四種需要，都不可短少，一定要國家來擔負這種責任。如果國家把這種需要供給不足，無論何人都可以向國家要求。」（民生主義第三講）由此可見要為人民解決食衣住行四大需要的重要性。

㈡**政府與人民協力共謀解決**　國父說：「謀國者，無論英、美、德、法，必有四大主旨，一為國民謀吃飯，二為國民謀穿衣，三為國民謀居室，四為國民謀走路。」（中華民國之意義）又說：「建設之首要在民生，故對於全國人民之食衣住行四大需要，政府當與人民協力共謀農業之發展，以足民食。共謀織造之發展，以裕民衣。建築大計畫之各式屋舍，以樂民居。修治道路運河，以利民行。」（建國大綱第二條）由此可知，民生主義是要以國家的力量，負起養民的責任，要使全國人民人人有飯吃，人人有衣穿，人人有屋住，人人出門有舟車的便利。

二、吃飯問題

㈠**吃飯問題的重要**　國父說：「吃飯的問題就是頂重要的民生問題。如果吃飯問題不能够解決，民生主義便沒有方法解決。所以民生主義第一個問題，便是吃飯問題。古人說：『國以民為本，民以食為天。』可見吃飯問題是很重要的。」（民生主義第三講）又說：「我們現在講民生主義，就是要四萬萬人都有飯吃，並且要有很便宜的飯吃，要全國的個個人都有便宜飯吃，那才算是解決了民生問題。」（同上）

可見解決吃飯問題，是解決民生需要的第一件大事。

㈡解決方法 要解決吃飯的問題，首先要使耕者有其田，農民有了田，「農民一定很高興去耕田，大家都高興去耕田，便可以多得生產。」（同上）其次要改進農業生產技術。國父在民生主義第三講中，曾就當時科學技術發展情形及我國農業生產狀況，提出機器、肥料、換種、除害、製造、運送、防災等七項工作。根據國父遺教，要隨時引進最新的科學技術，用於農業生產，不但使人民在食的方面沒有匱乏之虞，並且可以改善其品質，增加其種類。此外還要注意到糧食的分配問題。國父說：「把每年生產有餘的糧食，都儲蓄起來，不但是今年的糧食很足，就是明年後年的糧食都是很足，等到三年之後的糧食，都是很充足，然後才可以運到外國去賣。」（同上）民生主義既在於養民，就要先供給人民消費，必等有餘糧才運到外國出售；但資本主義反其道，資本家不問人民糧食够不够用，都是把糧食運到外國去圖利。

三、穿衣問題

㈠穿衣問題的重要 國父說：「吃飯問題，不但是在動物方面是很重要，就是在植物方面也是一樣重要。至於穿衣問題，宇宙萬物之中，祇是人類才有衣穿，而且祇是文明的人類才是有衣穿，他種動物植物都沒有衣穿，就是野蠻人類也是沒有衣穿，所以吃飯是民生第一個重要問題，穿衣就是民生的第二個重要問題。」（民生主義第四講）

㈡解決方法 國父認為解決穿衣問題，可從四方面著手：

1.改良衣服原料的生產　衣服的原料，在過去不外五種，即絲、麻、棉、毛、皮。絲、毛、皮係由動物而來；棉、麻係由植物而來。就生產方面說，應由農業與畜牧業雙方謀求改良。

2.利用機器紡織和製革　國父說：「我們要解決絲業問題，不但是要改良桑業、蠶種，改良養蠶和紡絲的方法來造成很好的絲，還要學外國用機器來織造綢緞，……來供大眾使用。」(同上)他如麻、棉、毛三類，也需各就產區設立大規模的機器紡織工廠，才可以大量生產，而製出很便宜的衣料。

3.實行保護關稅政策，扶植紡織工業的發展　國父說：「我們要解決民生問題，保護本國工業，不為外國侵奪，便先要有政治力量，自己能够來保護工業。」(同上)因為我們在開始利用機器紡織時，無論在資本、技術、管理方面，都無法趕上歐美水準，必須收回關稅自主權，增加外國紡織品的進口稅，以保護本國紡織工業。落後國家要發展工業，無不實行保護政策，以往美國和德國都是如此。

4.從事大規模的生產　國父主張「開設大規模之裁縫廠於各地，就民數之多寡、寒暑之氣候，來製造需要之衣服，以供人民之用。務使人人都能得到需要的衣服，不致一人有所缺乏，此是三民主義國家之政府對於人民穿衣需要之義務。」(同上)

四、住屋問題

㈠**住屋問題的重要**　關於住屋問題，國父在民生主義演講裏未作詳細說明，但在實業計畫第五計畫中提出了周詳而具體的方案。國父說：「居室為文明一因子，人類由是所得之快樂，較之衣食更多，人類之工業過半數皆以應居室需要者。」(實業計畫第五計畫)中國一般民眾，居室多不適合衞生，貧苦者仍居茅屋陋室，甚至穴居野處，故如何設法使大眾均有整潔安樂的房屋可住，殊屬亟待解決的要務。

㈡**解決方法**　國父說：「吾所定發展居室計畫，乃為羣眾預備廉價居室。」（實業計畫）其中包括四個具體的步驟：第一為「建築材料之生產及運輸」，就是要生產磚、瓦、木材、石灰、水泥、鋼筋、鋼架等建築材料，並須有便利的運輸，以減輕運費。第二為「居室之建築」，就是要改用新式的房屋設計，有計畫大規模的營造。第三為「家具之製造」，就是要製造各種新式家具，以應生活之需要。第四為「家用物之供給」，就是供給水、光、燃料、電話等家用。於一切大城市中設自來水廠、電力廠、煤氣工廠，以供給自來水、電燈、煤氣燃料等，在鄉村應以煤炭代替薪柴，並須有電燈。這些計畫實現後，不但人人有屋住，而且居室安適方便，合乎現代國民的生活標準。

五、行路問題

㈠**行路問題的重要**　國父說：「民生的需要，從前經濟學家，都說是衣食住三種。照我的研究，應該有四種，於衣食住之外，還有一種就是行。行也是一種很重要的需要，行就是走路。」（民生主義第三講）又說：「中國人為凝滯民族，自古以來，安居於家，僅煩慮近事者，多為人所贊稱。……惟據近世文明，此種狀態已全變。人生時間內，行動最多，每人之有行動，故文明得以進步，中國欲得近時文明，必須行動。個人之行動，為國民之重要部分，每人必須隨時隨地行動，甚易甚速。」（實業計畫第五計畫）由此可見行的問題的重要。

㈡**解決方法**　如何去解決行的問題，國父在「實業計畫」第五計畫「行動工業」中，提出了三個方法：

1.要造一百萬英里之公路　「吾儕欲行動敏捷，作工較多，必須以自動車爲行具。但欲用自動車，必先建造大路(按行駛自動車之大路，卽公路)。吾於國際發展計畫，……已提議造大路一百萬英里。」

2.要製造自動車　「中國人民旣決定建造大路，國際發展機關，卽可設立製造自動車之工場，最初用小規模，後乃逐漸擴張，以供給四萬萬人之需要。所造之車，當合於各種用途，爲農用車、工用車、商用車、旅行用車、運輸用車等，此一切車以大規模製造，實可較與今更廉，欲用者皆可得之。」

3.要供給燃料　「除供給廉價車之外，尙須供給廉價燃料，否則人民不能用之。故於發展自動車工業之後，卽須開發中國所有之煤油鑛。」

參考題

❶ 何謂民生四大需要？解決民生四大需要的目標何在？(五十八年丁等特考、六十九年臺省分類職位升等考、七十二年國防及軍法丙等特考)

❷ 如何保障民生六大需要？試分別闡明之。(六十九年普考二梯次)

❸ 國父認爲增加糧食生產方法，有那七項問題必須硏究？(六十二年臺省經建行政丙等特考)

❹ 吃飯問題是民生主義第一個問題，應如何加以解決？試說明之。(七十二年普考)

第七節　育樂問題

一、民生主義育樂兩篇補述

㈠**補述育樂兩篇的動機與經過**　國父於民國十三年在廣州講三民主義，其中民族主義與民權主義各爲六講，惟民生主義講至第四講，因離粵北上，未能講畢。第一講爲民生主義的原理，第二講爲平均地權與節制資本，第三講以下，　國父原擬講民生四大需要食衣住行，但僅講至食衣爲止。至於住行兩大問題的如何解決，可於實業計畫中尋出有關的遺教。先總統　蔣公根據　國父在民國十三年以前關於民生主義的演講與論著中，發現民生問題，除食衣住行之外，更有育與樂。乃就　國父對於育樂問題有關的政策與所設想的措施，加以闡述，於民國四十二年十一月十二日發表民生主義育樂兩篇補述。其第一章序言中說：「　總理說過：民生主義要做到『少年的人有教育，壯年的人有職業，老年的人有養活，全國男女，無論老小，都可以享安樂。』所以對於『育幼、養老、濟災、醫病與夫種種公共之需。』乃至『聾啞殘廢院以濟大造之窮，公共花園以供暇時之戲。』都要籌畫辦理，『把中國變成一個安樂國家。』，才是民生主義的完成。所以我們如不把育樂這兩個問題，一併提出研究，就不能概括　總理的民生主義的全部精神與目的之所在。」

㈡**補述育樂兩篇的目的**　可從下述兩點來說明：第一完成了民生主義的內容。　蔣公說：「我現在要將　總理平生對於育樂問題有關的私人談話所提到的政策，以及其平生對於育樂問題所設想的措施，和我個人所領會與擬議的方針和方案，加以闡述，或可少補　總理民生主義全部講稿中未完部分的缺憾。」（民生主義育樂兩篇補述序言）由於民生主義育樂兩篇補述的完成，三民主義博大精深，完整統一的思想體系，至此才算完成。第二就是要建設自由安全的社會。在舊社會組織已經瓦解，新社會組織尙未形成之際，「　總理對於社會組織的演變，不取放任主義，而主張盡人類的能力來挽救自然演變的缺憾。這就是說，我們要有計畫的改革社會爲自由安全的社會，我們不能放任社會的自然發展。」（同上）

二、育的問題

所謂「育」，包括生育、養育和敎育，分別敍述如下：

㈠**生育問題**　我們對於「人口問題不但要量的增加，並且要質的提高」。首先要從營養、衞生和敎育中提高人口的品質，因爲有了健全的人口，才是偉大的力量。但要達到這個目標，必須從以下三方面著手：

1. 人口政策方面　第一、「依實業計畫的精神，使全國人口均衡分佈。」第二、「工業礦業及漁牧事業，依各地資源分佈的實況，使其發展。各地人口之分佈應使其適於資源的開發與利用。」第三、「城市與鄉村均衡發展，要做到城市鄉村化，鄉村城市化。每一家庭都得充分的空間和健康的環境。」

2. 敎育政策方面　「要使青年男女覺悟其對於婚姻和家庭及子女敎育應負的責任，要使其覺悟家庭組織不單以個人的感情爲基礎，還負起他們對社會國家的責任。」

3. 社會政策方面　「最有效的根本政策，還是一般國民能夠就業，使其職業收入能夠安定，而無失業恐慌之患，尤其是每一家庭都有機會得到自己的住宅，使其有恒產有恒心。有了安定的家庭，才能養育健全的子女。」

㈡**養育問題** 對於兒童、老年、疾病殘廢、鰥寡孤獨不能自立的人，要使其在社會互助之下，受到保養與扶持，以達到「老有所終，壯有所用，幼有所長，鰥寡孤獨廢疾者皆有所養」的目的。

1.兒童問題 根本之圖，建立安定的家庭，使父母負起教養子女的義務，重新樹立「國之本在家」的倫理觀念。並建立婦產醫院、兒童教養院、托兒所、兒童保健院等兒童福利事業。

2.疾病殘廢問題 對疾病者的扶持，首應改善國民營養，普及衞生教育，並加強檢疫與預防傳染，普設公共醫院，舉辦疾病保險，俾增加人民就醫的機會。解決心理的疾病，須創設精神病院與心理衞生所，並改良監獄。至於對殘廢者的扶持，盡量減少疾病的發生與傳染，防止工業及交通方面的傷害，並設立盲啞學校，對殘廢者施以職業訓練，助其獲得適當工作。

3.鰥寡孤獨問題 爲求安定社會秩序，保持國民道德，必設法保障婚姻安全，減低離婚率，救濟孤苦，輔導游民就業，以解決鰥寡孤獨問題。

4.老年問題 對老年人的供養，首應由子女負責。並建立年老退休制度與養老制度，設立養老院，以存養無家可歸的老者。

5.喪葬問題 訂定「哀而不傷」的喪禮，並設立公共殯殮場所與公墓，以爲喪葬之用。

㈢**教育問題** 過去教育有三個缺點：第一、是升學主義——小學的課程是爲了升入中學作準備；中學的課程是爲了升入大學作準備。第二、是形式主義——大學教育，祇是講讀一些圖書，賦予學生一種畢業資格，作爲一種裝飾，就算了事。第三、是孤立主義——學校裏的科學教育旣與社會沒有什麼密切關係，中小學的科學教育又不過是準備升入大學，那就更與社會生活沒有什麼密切關係。爲了改革過去教育的缺點，首要之道，卽在確立民生主義的教育方針：

1. 教育的內容爲四育六藝。四育就是智育、德育、體育和羣育，六藝就是禮、樂、射、御、書、數。其功能就是在「訓練一個身心平衡，手腦並用，智德兼修，文武合一的健全國民。」
2. 教育的使命在促進社會進步與民族復興。
3. 教育的任務在充實學生生活的內容。
4. 學校教育的功效在陶冶學生的性格，並改進學生的行爲。
5. 學校教育必須配合各方面的計畫和政策，來鍛鍊學生使其成爲革命建國的器材。
6. 各種文化宣傳工具的配合，要以學校教育爲中心。

三、樂的問題

㈠康樂的意義　先總統　蔣公認爲：「有健全的國民，纔是健全的民族；有健全的民族，纔能建設富強的國家。怎樣纔是健全的國民呢？第一、就是一般國民的身心能够保持平衡；第二、就是一般國民的情感與理智能够保持和諧。」「一個人要身心保持平衡，纔是眞實的健康；要情感與理智得到和諧，纔是正當的娛樂。」這就是康樂的意義。

㈡康樂的環境　「要增進國民的康樂，首先要爲國民造就康樂的環境。」第一是城市鄉村建設的原則：要做到「鄉村城市化，城市鄉村化。」就是「在市鄉建設計劃中，對於城市要使每一家庭享有充分的空間，不祇是住宅能够稍爲寬舒，並且公共的體育場和遊息場所也要以人口爲比例來開闢和建設。對於鄉村亦要使其能享受公共衞生和公用事業的便利。」第二是山林川原的設計：「山林川原的理想與設計，不僅對於國計民生爲不可再緩的問題，而且其風景的遊賞，對於國民的身心健康，亦直接發生重大的影響。」「城市的園林所佔的空間要以人口爲比例來計算，除了公共建築之外，私人住宅所佔的土地應該有合理的限制。公園、兒童樂園、以及運動場，都應該以人口爲比例來建設，使這些場所所佔的空間，平均爲城市人口的健康和娛樂來使用。」（民生主義育樂兩篇補述）

㈢**心理的康樂** 以文藝爲中心。我們要從改進音樂歌曲、書畫、雕刻或戲劇、電影、廣播，以增進國民的精神娛樂，並防止娛樂商業化、市儈化，以免妨害國民心理健康。此外因爲宗教信仰和人生哲學的基本思想，是人格的內在安定力，所以不可忽視「宗教對於個人和社會的重要性。」

㈣**身體的康樂** 以武藝爲中心。首先要養成國民健康的習慣，在健康的習慣中最重要的是清潔、秩序和節制。其次要推行國民體育。「要推行國民體育，最重要的是體育館和運動場的普遍設立，國民運動會的經常舉行，團體旅行、野外露營的計畫和組織，也要普遍推行。」其三是提倡山林川原上的各種運動和技術。就是現代國民必須具備的幾種藝術和技能，其中最重要的是射擊、駕駛、操舟、游泳、滑雪、國術、舞蹈等。

參考題

❶ 試述先總統　蔣公補述民生主義育樂兩篇之主要目的，並申論之。（七十年普考一梯次）

❷ 總統　蔣公在民生主義育樂兩篇補述中，關於教育問題有何指示。（五十六年中教檢定考試）

第八節　民生主義與資本主義

一、資本主義的意義與流弊

㈠**資本主義的意義**　資本主義（Capitalism）一詞，是社會主義者柏南（Louis Blane）所提出的。在意義上各家說法不盡相同，但大致說來，資本主義就是指以私有財產爲基礎，以機器生產爲手段，以自由競爭爲原則，以追求利潤爲目的的經濟制度。雖然早期的資本主義並不以機器生產爲其特徵，但是現代的資本主義，大規模的機器生產，則已成爲其重要之一環。所以嚴格說來，構成現代資本主義的基本條件有四：卽私有財產、機械生產、自由競爭和追求利潤。私有財產制是資本主義的基礎，假如沒有私有財產制就根本不會有資本主義的發生。機械生產是現代資本主義的必要手段，事實上現代資本主義正是伴隨著工業革命而發生的。自由競爭是資本主義的靈魂，但其流弊，卽由此自由競爭原則而形成。追求利潤是資本主義的唯一目的，它貫串著資本主義的整個活動，從動機到目的，從開始到結束，無往不是為著利潤。所以追求利潤是資本主義社會中一切制度的總樞紐。 國父說：「資本主義以賺錢為目的。」(民生主義第三講) 就是這個意思。

(二)資本主義的流弊　資本主義流弊很多，茲特舉其影響最大者四點說明如下：第一、貧富不均。國父說：「歐美經濟之患，在不均。」(中國國民黨宣言) 資本主義既以賺錢為目的，於是資本家唯利是圖，所以會造成嚴重的貧富不均，其造致原因，又可從自由競爭與分配不當來析述：就自由競爭言， 國父認為只能適用於人工生產時代，不能適用於工業革命之後。「因在人工生產之時代，所以制豪強之壟斷者，莫善於放任商人，使之自由競爭，而人民因以受其利也。」(孫文學說第一章) 但自工業革命以後，「世界已用機器以生產，而有機器者，其財力足以鞭笞天下，宰制四海矣。是時而猶守自由競爭之訓者，是無異以跛足而與自動車競走也，容有倖乎？」(同上) 就分配不當言， 國父曾指出：「按亞丹斯密經濟學生產之分配，地主占一部分，資本家占一部分，工人占一部分，遂謂其深合於經濟學之原理。」結果「地主與資本家坐享其全額三分之二之利，而工人所享三分之一之利，又析與多數之工人，則每一工人所得，較資本家所得者，其相去不亦遠乎？」(社會主義之派別與批評) 第二、勞資對立。由於資本主義社會的貧富懸殊，所以產生勞資對立。資本家祇顧自己賺錢，不管工人死活的後果，必然產生勞資對立，由於勞資對立又勢必預伏社會革命的危機。第三、不勞而獲。由於資本主義是以私有財產制為基礎，所以資本主義社會承認不勞而獲是合理的。例如地主所得地租，資本家所得利息，企業家所得利潤，財產繼承人所得的遺產等，無一不是不勞而獲的利得，但這些都是資本主義社會所認可，也都是私有財產制所賦予的。 國父認為這種不勞而獲的利得，由有錢的人坐享其成，是最不公平的。第四、操縱國計民生。在資本主義之下，由於自由競爭的結果，必然發生資本集中的現象，形成托辣斯（Trust）的組織，等到最後獨佔企業組織出現後，則成爲操縱國計民生，危害社會的禍根。並且由於資本主義的生產是處於無政府狀態，容易造成生產過剩的「經濟恐慌」，同時由於競爭國際市場的激烈，最後只有訴諸戰爭之一途，因而形成世界性的危機。

二、民生主義與資本主義的比較

㈠**目的方面**　國父說：「民生主義和資本主義的根本不同的地方，就是資本主義是以賺錢爲目的，民生主義是以養民爲目的。」（民生主義第三講）這是二者最根本的區別。因爲資本主義的根本目的在賺錢，所以一切只爲資本家的私人利益打算，置社會責任於不顧。但在民生主義社會則不然，因爲民生主義的根本目的在養民，國家對於各個人有保障生活的義務，各個人對於國家有要求生存的權利。由於這個根本的不同，我們不但可以看出民生主義與資本主義之區別所在，而且也可看出孰優孰劣了。

㈡**方法方面**　從方法方面來看民生主義與資本主義的區別，又可分從生產和分配兩方面來說明：

1. 生產方面：

⑴生產的動機不同　資本主義的生產是爲「交換」而生產，在爲企業者個人謀求利潤；民生主義的生產是爲「消費」而生產，在滿足全社會的慾望。

⑵支配生產力分配的力量不同　在資本主義的社會，支配生產力分配的力量是「需要」，它在決定生產的種類和分量時，是先觀察那種貨物銷行最多，獲利最豐。但民生主義的社會，支配生產力分配的

力量是「慾望」；「慾望」只是人類生理上心理上的慾求，與購買力沒有關係。民生主義社會的生產，並不是以社會購買力爲依據，而是以社會慾望爲依據。社會上大多數人希望生產什麼，民生主義社會便生產什麼。

⑶生產的組織不同　資本主義的生產是無政府狀態，各種產業之間，各自獨立經營，沒有意義的計畫的聯絡。民生主義的生產，則是有計畫的，原則上是根據各種統計，預計全部的生產計畫，決定應該生產的物品的種類和分量，再根據這個計畫分配於各產業來生產。

2. 分配方面：

⑴分配的性質不同　在資本主義社會，分配的性質在報酬生產或勞動的貢獻，所以一個人要是「勞動者」、「資本家」、或「企業家」，才有要求分配的權利；沒有財產，沒有勞動力，以及能夠勞動而無機會勞動的人，就不能單以「人」的資格要求分配。但在民生主義的社會，分配的性質，不在報酬個人生產或勞動的貢獻，而維持各個人的生存，滿足各個人的慾望，大家都可以「人」的資格要求分配。

⑵分配的方法不同　在資本主義社會，生產物的分配，並不是社會有意識的行爲，生產物之所以能分配於各個人，完全是交換行爲之無意識的副產物。交換雙方最初的動機，祇在獲得自己欲得的東西，不在爲社會分配生產物，僅在不知不覺之下，做了分配行爲於交換行爲之中。但民生主義的社會，主要分配不是由各個人的交換，原則上乃是由社會的機關直接來分配。這時的分配行爲是由社會設立機關或合作社，將主要生活必需品直接分配於消費者。所以　國父說：「在那些私人資本制度之下，生產的方法太發達，分配的方法便完全不管，所以民生問題便不能夠解決。」（民生主義第三講）其實，資本主義的

最大弊害，也就是在其分配方法的不當。

㈢**趨勢方面**　國父說：「對於資本制度，只能逐漸改良，不能够馬上推翻。」（民生主義第三講）近五十年來資本主義的發展，已使馬克思的理論完全破產，馬克思認爲資本主義社會將崩潰的預言，與事實完全不符。因爲自從資本主義採行社會政策之後，資本主義本身已發生了極大的變化，就拿美國現行的經濟制度，經過兩次世界大戰的考驗和演變，早已不是馬克思主義者所批評的資本主義了。即以羅斯福總統所行的「新政」（New Deal）爲例，在一連串的勞動立法裏面，如一九三五年的國民勞動關係法和一九三八年的公平勞動標準法，不僅強迫工商業和工會集體議價，而且還規定了最低工資和最高工作時間，廢除了童工制，承認了工會地位。其次實施社會安全政策，舉辦失業保險，救濟老人和殘廢，舉辦退休養老金，凡是受雇就業的人，都持有所謂社會安全卡，不僅在年老退休時有養老金，就是在失業時，也可以領救濟費。很顯然，這些措施是與民生主義的理論原則不謀而合的。所以有人把美國的現行經濟制度稱爲「新資本主義」或「人民資本主義」。美國林百樂教授（Professor Paul M. A. Linbarger）指出：「美國人現在已經實行了　孫中山先生的民生主義，美國現行的經濟制度已經不是十九世紀的資本主義，不過許多美國人是不肯坦白承認的。」抑有進者，就是資本主義的大本營英國來講，在工黨的不斷影響之下，許多私人企業都相繼收歸國營，而社會安全的措施，較諸美國尤爲積極。不特大多數人民的生活有了顯著改善，而且社會財富的分配，也日趨平均。一九八〇年，法國社會黨首度執政，第一項重要改革措施，即宣佈全國十二大企業之國有化。凡此，皆足以說明民生主義確是資本主義發展的新方向，而且亦說明了民生主義的正確性，無怪乎　國父說：「二十世紀不得不爲民生主義之擅場時代。」

（民報發刊詞）

參考題

❶ 何謂資本主義？與節制資本有何不同？（六十九年金融機構升等考）

❷ 試述資本主義與民生主義之區別。（五十年中教檢定考試、五十一年、五十七年退除役特考、五十七年電信特考）

❸ 解釋名詞：

㈠ 資本主義（六十三年中國國際商銀行員升等考、六十三年電信特考、六十四年國防特考、六十五年基層特考）

㈡ 社會政策（六十四年國防特考）（附解答：社會政策乃是一個國家爲解決種種社會問題所採行的和平改良政策，其作用在和緩或逐漸減少資本制度的弊害，以維持資本制度的存在。如：①在稅制上用累進稅率加重征收直接稅——財產所得稅，遺產稅與土地增值稅，並減輕勞動所得稅；②在社會設施上，制定社會立法——如規定最低工資，最高工作時間，廢除童工制；③在生產上，將許多私人企業收歸國有。）

第九節　民生主義與共產主義

一、「民生主義就是共產主義」的解釋

㈠**共產主義的意義**　共產主義（Communism）一詞，原有多種不同的說法，但自俄國革命以後，列寧宣佈其奉行的就是馬克思的共產主義，因此，在今天蘇俄及其附庸國也就獨佔了「共產主義」這個名詞。共產主義是歐洲工業革命以後，由勞資關係失調，所激發出來的一種反動思想。馬克思爲共產主義運動訂定了目的和方法，它的目的是以沒收私有財產、杜絕利潤追求、廢止商品生產，從而徹底推翻資本主義制度。它的方法是在社會上劃分階級，製造階級仇恨、煽動「階級鬪爭」，用暴力奪取政權，然後在政治上實行生產資料公有制，消滅私有權利，以強制手段建立共產制度，進行所謂無產階級專政，亦卽共產黨專政。所以概括的說，一般所謂共產主義，就是指以資本主義爲基礎，以階級鬪爭和無產階級專政爲方法，以國際主義爲範圍，以達到公有財產的共產社會爲目的的馬克思主義。

㈡**「民生主義就是共產主義」的正確解釋**　國父說過「民生主義就是共產主義」這句話，曾經引起不少的爭辯，所以先總統　蔣公於民國四十一年發表「土地國有要義」，特就此問題作詳細闡明，茲歸納其要點如下：

1. 時代背景不同，不可同日而語　國父在說這句話的時候，是有其不同於現在的時代，和不同於現在的環境，因爲「當時俄帝試行共產，還祇有六年，尤其是他們當時實行新經濟政策的時候，在其外面

的人，更是莫名眞相，特別是其所提倡的所謂『扶助弱小民族，打倒帝國主義』等口號的假面具，亦沒有揭穿，誰也想不到俄國當初所謂共產的意義和目的，其後果會有像今日那樣空前絕後的浩刼發生呢？如果今天還要拿　總理民生主義就是共產主義的話，來曲解民生主義，那以爲他除了甘心願充俄匪走狗或有意誣蔑　總理以外，再無其他作用可言了。」（土地國有的要義）因此，　國父的民生主義，決不是俄匪式共產主義。

2.「民生主義就是共產主義」是指民生主義式的共產主義，而不是「共歸於盡」的共產主義　「總理當時所指的『民生主義就是共產主義』的意義，乃是指主義的原則，而不是指其主義的內容和方法，更不是指民生主義的目的，就是今日俄匪所行之共產主義的目的。至於主義的原則，那是有很多不同與相反的主義，而其原則倒是有很多相同的地方，所以主義的分別，要在其內容和目的上來研究，而決不可僅在籠統抽象性的原則上來爭辯。……而且共產主義是有多種方式和多種不同的說法，而決不是僅限於現在俄匪所行的一種。因之　總理所說的『民生主義就是共產主義』，亦可以說是指民生主義式的共產主義，當無不可。」（同上）

㈢**民生主義的眞諦**　先總統　蔣公在「土地國有的要義」中，特別指出：民生主義的眞諦是「均富」。他說：「我以爲民生主義的『平均地權、節制資本』兩句話，可以很簡單地說，就是『均富』兩個字。」又說：「『均富』是要使人人有田種、人人能發財，但是不許每個人在限田額數之外，再壟斷土地成爲大地主，亦不許財主集中社會財富成爲『托辣斯』，而再有社會不平的現象。這就是我們革命要爲窮人打不平」，「要使國內人民貧富相平，而無特殊階級，這就是我所說的『均富』，亦就是　總理民生主義的眞諦。」　國父曾說：「惟民生主義之意義維何？吾人所主張者，並非如反動派所言，將產業重行分配之荒謬絕倫，但欲行一方策，使物產之供給，得按公理互蒙利益耳。」（中國之鐵路計畫與民生主義譯文）又說：「民生主義，卽貧富均等，不能以富者壓迫貧者是也。」（欲改造新國家當實行三民主義），又說：「甚麼是民生主義呢？民生主義就是人人有平等的地位去謀生活，使大家享幸福。」（農民大聯合）由此可見「均富」確爲民生主義的眞諦所在。只要我們對民生主義眞有透徹的瞭解，則我們自可領悟唯有「均富」二字，始能將民生主義的眞諦恰如其分地表達無遺。

二、民生主義與共產主義的比較

㈠理論方面

民生主義從仁愛思想出發，共產主義從仇恨思想出發，因爲仁愛與仇恨根本思想的不同，所以在理論方面或在實行方面，兩者都是針鋒相對，互不相容的。

1. 宇宙觀不同　民生主義主張心物合一論，認爲宇宙的本體，是精神與物質合而爲一，相輔爲用。共產主義主張唯物論，認爲宇宙間只有物質是實在的，精神只是物質的反映。

2. 歷史觀不同　民生主義主張民生史觀，認爲民生是人類歷史的重心。共產主義主張唯物史觀，認爲物質是歷史的重心。

3. 社會進化論不同　民生主義主張社會互助論，認爲社會之所以有進化，是由於社會上大多數經濟利益的相調和，而不是相衝突。共產主義主張階級鬪爭論，認爲階級鬪爭是社會進化的原動力。

4. 價值論不同　民生主義主張社會價值論，認爲商品的價值，是由直接生產者如勞工，間接生產者如發明家及管理人員，與社會的消費者共同決定。共產主義主張勞動價值論，認爲一切商品的價值，是由生產所需的勞動量決定；更主張剩餘價值論，認爲勞工超過其爲生活所必須的勞動量之剩餘勞動所生的價値，原應爲勞工所獨有，卻爲資本家所剝奪。

㈡實行方面

1. 財產制度不同　民生主義主張公有財產與私有財產並存，因爲生產落後的國家，惟有一面承認私有財產，鼓勵人民努力生產；一面創造公有財產，預防私人財富的集中，才能解決貧窮的問題，所以是合乎科學的。共產主義主張公有財產，消滅私有財產，結果農民不願多種田，工人不願多生產，而造成長期的饑饉與貧窮，所以是反科學的。

2. 政治制度不同　民生主義實行人民有權、政府有能的民權政治，經濟平等，政治自由，社會和諧，人權受到保障。而共產主義則實行無產階級專政的極權政治。表面上是無產階級專政，但實質上卻是共產黨頭目的個人獨裁，人民失去了生存與生活的自由，更遑論人性尊嚴的維護了。

3. 社會制度不同　民生主義的社會是倫理的、互助的、自由的、人人都有發展的機會，人人過著自由安樂的生活。共產主義的社會則是階級的、鬪爭的、奴役的，在共黨長期剝削和奴役的暴政下，人人無前途。

4. 實行方法不同　民生主義採用和平漸進的原則，以平均地權與節制資本的辦法，防止社會的貧富不均。共產主義則以階級鬪爭與無產階級專政的方法，暴力急進的手段，使人民一無所有。

5. 實行結果不同　由於民生主義是科學的、自由的，爲全民的利益，從事和平的建設，所以實行的結果，可以造成「均富」的社會。共產主義是非科學的、奴役的，為獨裁者的利益，從事殘殺與破壞，所以實行的結果，必定造成「均貧」「共慘」的社會。

三、共產主義批判

㈠**「唯物史觀」的錯誤**　要知道唯物史觀的錯誤，先要知道什麼是唯物史觀。馬克思認為「世界上一切歷史都是集中於物質，物質有變動，世界也隨之有變動。並說人類行為，都是由物質的境遇所決定，故人類文明史，只可說是隨物質境遇的變遷史。」(民生主義第一講) 唯物史觀所謂之「物」，乃指維持人類生活的物質資料，馬克思以為獲得這種物質資料的方法，決定人類的一切活動，如何獲得這種物質資料，乃經濟問題，所以唯物史觀，在實質上，屬於經濟決定論。其錯誤為：

1. 以經濟解釋歷史，完全否定了人的地位和價值　馬克思認為生產方式發生變化則經濟結構隨之變化；經濟結構一經變化，則所有的政治、法律以及思想、信仰，全部因而變化。殊不知生產方式以及經濟結構，乃基於人類生存的要求，甚至政治、法律以及思想、信仰，也是因人類求生存而起，人類為求生存乃改進生產方式和經濟結構，以及所有的一切，以滿足生活的願望。因此人類歷史演進的原動力，亦即最後的歸宿點，不是物質，而是民生。

2. 錯認物質為歷史的重心　國父說：「馬克思以物質為歷史的重心是不對的，社會問題才是歷史的重心；而社會問題中又以生存問題為重心，那才是合理。……古今人類的努力，都是求解決自己的生存問題；人類求解決生存問題，才是社會進化的定律，才是歷史的重心。馬克思的唯物主義，沒有發明進

化的定律，不是歷史的重心。」（民生主義第三講）

㈡「階級鬭爭論」的錯誤　馬克思認爲人類社會就是由階級組成的，要不斷的發生階級鬭爭，社會才有進化，歷史才能前進，因此階級鬭爭是社會進化的原動力，人類的歷史，就是一部階級鬭爭史。其錯誤爲：

1. 荒謬絕倫　根據錯誤的史觀所推論出來的道理，原是錯上加錯，尤其講階級鬭爭推動歷史進步，更屬荒謬絕倫。

2. 抹殺理性　馬克思抹殺了人類活動中，理智和道德的因素。人類之所以異於禽獸者，就在這裏。國父說：「物種以競爭爲原則，人類則以互助爲原則。社會國家者，互助之體也；道德仁義者，互助之用也。人類順此原則則昌，不順此原則則亡。」（孫文學說第四章）這是人類之所以爲人類的必然道理。

3. 強調衝突　馬克思的階級鬭爭，就是人爲的製造社會病態。關於這一點　國父曾說：「社會之所以有進化，是由于社會上大多數的經濟利益相調和，不是由于社會上大多數的經濟利益有衝突。社會上大多數的經濟利益相調和，就是爲大多數謀利益，大多數有利益，社會才有進步。社會上大多數的經濟利益之所以要調和的原因，就是因爲要解決人類的生存問題。」（民生主義第一講）

4. 社會病理家　國父說：「古今一切人類之所以要努力，就是因爲要求生存；人類因爲要有不間斷的生存，所以社會才有不停止的進化。所以社會進化的定律，是人類求生存。人類求生存，才是社會進化的原因。階級戰爭，不是社會進化的原因；階級戰爭，是社會當進化的時候，所發生的一種病症。」（同上）「馬克思研究社會問題所有的心得，只見到社會進化的毛病，沒有見到社會進化的原理，所以馬

克思只可說是一個社會病理家，不能說是一個社會生理家。」(同上)

㈢「剩餘價值論」的錯誤　馬克思提出「剩餘價值」的說法，其用意是在資本主義社會煽動無產階級革命。他強調資本主義的特徵，是商品的生產，資本家拿出一筆錢來，購買設備、原料和勞動力，用以生產商品，這批商品，經過交換過程，又變成一筆錢，這筆錢大於原來拿出的那筆錢，其差額名之謂剩餘價值。其錯誤爲：

1. 剩餘價值基於勞動價值的錯誤　馬克思的剩餘價值論是說「資本家的盈餘價值，都是從工人的勞動中剝奪來的。把一切生產的功勞，完全歸之於工人的勞動。」(民生主義第一講) 亦卽剩餘價值是從勞動力來的，應當歸於工人，而被資本家以利潤的名義剝削去了。國父主張社會價值論，以駁斥之，認爲「所有工業生產的盈餘價值，不專是工廠內工人勞動的結果，凡是社會上各種有用有能力的分子，無論是直接間接，在生產方面或者是在消費方面，都有多少貢獻。」(同上)

2. 剩餘價值起於生產過程的錯誤　馬克思認爲資本家用來購買設備和原料的錢是不變資本，在生產過程中，一成不變的轉移到商品裏，而用來購買勞動力的錢，是可變資本，生產出商品來，其價值就增加了，因爲勞動才能產生價值。剩餘價值是從可變資本而來，亦卽從勞動力而來。殊不知需要和效用乃決定價值的重大因素，不合需要或沒有效用的東西，工人無論用多大的勞動力，也產生不出絲毫的價值來。這種商品出賣以後，必不能出現剩餘價值，可見剩餘價值大部分決定於交換過程。假使像馬克思所說的「起於生產過程」，那麼商品在市場上便祇有盈無虧了。

3. 判斷資本家多得剩餘價值的錯誤　馬克思所謂：「資本家要能够多得剩餘價值，必須有三個條件：一是減少工人的工錢；二是延長工人的作工時間；三是抬高出品的售價。」（同上） 國父以當年美國最賺錢的福特汽車工廠為例， 證明與馬克思的剩餘價值的理論恰好相反。福特汽車工廠所實行的辦法，是縮短工人作工的時間，增加工人的工資和減低出品的售價，「像這些相反的道理，從前馬克思都不明白，所以他的主張便大錯特錯了。」（同上）

4.判斷資本主義消滅的錯誤 馬克思認為在資本主義剝削制度下，必然湧起社會革命，而使資本主義消滅，但是「我們所見歐美各國的事實和他的判斷，剛剛是相反。」（同上）「到今日各國的資本家不但不消滅，並且更加發達，沒有止境，便可以證明馬克思的學理」（同上）之錯誤了。

參考題

❶ 民生主義與馬克思共產主義有何不同？（五十八年普考）

❷ 國父指出階級鬥爭論有其嚴重錯誤，試詳述之。（六十七年普考二梯次、七十二年鐵路特考）

❸ 國父如何批判階級鬥爭論？（六十七年普考一梯次）

❹ 國父批評馬克思為社會病理家，不是社會生理家，其故安在？（五十四年中教檢定）

❺ 社會進步，是由於各階級利益相協調，抑由於階級鬥爭？（五十年普考）

❻ 試述 國父如何批評馬克思「剩餘價值說」的謬說。（五十年中教檢定考試）

❼ 試列舉 國父的例證批評馬克思剩餘價值的謬論。（六十四年關稅丙特）

❽ 解釋名詞：剩餘價值（六十七年電信特考、六十九年關稅丙特）
唯物史觀（六十九年基層特考）

❾社會價值論和剩餘價值論有何不同？（五十二年、五十六年聯考）

第十節　民生主義的實踐

一、積極發展經濟

㈠**計畫性自由經濟的體制**　民生主義經濟是計畫性自由經濟。先總統　蔣公曾說：「民生主義認爲自由是平等的保障，平等是自由的基礎，所以民生主義的經濟計畫，是爲平等而計畫，也就是爲自由而計畫。計畫與自由兩者之間是沒有矛盾的，在計畫經濟之中，個人有相當發揮能力的自由，但斷不容其危害大眾生活的安全與進展，同時又領導其使之爲社會福利而努力。」（反共抗俄基本論）申言之，計畫性自由經濟的體制，「卽政府根據國情與需要，將整個國家經濟，如生產、交易、分配、消費諸方面，製成彼此互相聯繫之精密計畫，以爲一切經濟建設進行之方針。」（中國經濟建設方案）而「對於經營方式，應在不違背節制資本之原則下，盡量鼓勵民營企業」，「總期以企業自由刺激經濟事業之發展，完成建設計畫之實施。」（第一期經濟建設原則）在計畫性自由經濟的體制下，民生主義的財產制度，是私有與公有並存，於企業方面，則主張民營與國營兼顧。

㈡**私有與公有並存的財產制度**

1. 私有財產　私有財產乃歷史演進所形成的一種制度。自有文明人類以來，卽有此制度，迄今仍爲支配經濟活動的主要因素。近世基於這個制度所建立的資本主義，弊端叢生，乃有人主張取消私有財產。國父洞悉革命手段不能解決經濟問題，對資本制度祇需設法改良，不可遽予推翻，所以他主張承認私有財產的合理存在。例如：在土地方面，實行耕者有其田，就是承認土地私有的合理存在，在實業方面，以法律保護個人企業，也就是承認資本私有的合理存在，祇是用平均地權和節制資本的辦法以防止壟斷而已。

2. 公有財產　爲保障人民基本需要不虞匱乏，爲加速經濟發展，建設關鍵工業和根本工業，爲使大資源的開發和獨占性事業的經營不爲個人所壟斷，政府必須進行大規模的投資。因此，民生主義主張在社會原有的私有財產制度中，開創公有財產制度，使兩者相輔相成。

㈢民營與國營兼顧的企業經營　民生主義的財產制度是私有與公有並存，在企業方面，則主張民營與國營兼顧，這就是實業計畫中所說的「應分兩路進行」。

1. 民營企業　「凡夫事物之可以委諸個人，或其較國家經營爲適宜者，應任個人爲之，由國家獎勵，而以法律保護之。」（實業計畫第一計畫）並且由政府致力改善投資環境，以促進其發展。國父曾針對當年的情形說：「今欲便利個人企業之發達於中國，則從來所行之自殺的稅制，應卽廢止；紊亂之貨幣，立需改良；而各種官吏的障礙，必當排去；尤須輔之以利便交通。」（同上）

2. 國營企業　建國大綱第二條規定：「建設之首要在民生，故對於全國人民之食、衣、住、行四大需要，政府當與人民協力共謀農業之發展，以足民食；共謀織造之發展，以裕民衣；建築大計畫之各式屋舍，以樂民居；修治道路運河，以利民行。」因此，「凡天然之富源，如煤、鐵、水力、礦油等，及社會之恩惠，如城市之土地、交通之要點，與夫一切壟斷性質之事業，悉當歸國家經營。」（中國實業當如何發展）「企業或有獨佔的性質，或規模過大爲私人之力所不能辦者，如銀行、鐵道、航路之屬，當由國家經營管理之。」（中國國民黨第一次全國代表大會宣言）總之，關於食衣住行問題，除由政府保障國民基本需要之充裕便利外，且當鼓勵民營企業供應，以提高國民生活水準，在民生主義中，並非以國營壓抑民營，乃在「使一國經濟發達均衡而迅速」。（國民黨組黨宣言）

二、復興基地的民生經濟建設

民國三十八年政府遷臺，卽按民生主義的原理和發達中國實業的步驟，致力復興基地經濟建設，以充裕國力民生。先則振興農業，以提高國民所得，改善國民生活，爲發展工業奠定基礎。其次是發展工業，開拓對外貿易，加速經濟成長，再則參酌實業計畫的理論，由政府大規模投資於道路、港口以及重化工業，期我國一躍而躋於開發國家之林。三十多年來我國經濟建設已有輝煌的成就，舉世譽爲奇蹟。茲分述如下：

㈠實施土地改革

1. 在農地實施耕者有其田，使農地爲耕者所有，生產力陡增，國民所得提高，地主所得補償，變成工商投資，工商業也因而發達。

2. 在市地實施都市平均地權與全面平均地權，逐漸達到漲價歸公，地利均享的目的。

㈡分期推行經濟建設計畫

1. 政府自民國四十二年開始，以發展農業並促進工業爲目標，連續完成了六個四年經濟建設計畫。

無論在促進農工生產、充裕物質供應、加強運輸系統、改善投資環境、擴大工業規模、提高生產能力、致力精密工業、擴展對外貿易等方面，均有顯著的成就。

2.民國六十五年，政府鑒於國內外經濟情勢之重大變化，又開始致力經濟建設六年計畫。前期致力於完成十項建設，暨其他重要投資計畫之執行，後期則規畫在十項建設完成後國家經濟建設進行的方向，並繼續推進重大建設，而使「資源歸大家所有，建設歸大眾所享。」做到民生主義經濟建設的理想——全民富足的社會。

3.民國六十九年政府又制定十年經建計畫，作為長程指導原則。

4.民國七十一年行政院復依據中國國民黨十二全大會通過之「貫徹復興基地民生主義社會經濟建設案」，訂定經濟建設四年計畫。此一計畫的實施使復興基地經濟發展的方向、結構、素質及水準，邁入到新的境界。

㈢進行重大工程及社會經濟建設

1.十項工程建設　為使我國躍居開發國家的地位，政府自民國六十三年起，積極推動中國造船廠、臺中國際港、一貫作業鍊鋼廠、國道中山高速公路、核能發電廠、中正國際機場、擴建蘇澳港、石油化學工業、鐵路電氣化、北迴鐵路等十項工程建設，並至六十八年底，次第完成，我們推動這十項工程建設，不但促進景氣復甦，加速經濟成長和創造就業機會，更使我們民生主義福國利民的經濟建設全面的起飛。

2.十二項建設　政府為了更加充實國力，強化經濟社會發展，提高國民生活水準，繼十項建設完成之後，決定再進行下列十二項建設：⑴完成臺灣環島鐵路。⑵新建東西橫貫公路三條。⑶改善高、屏地區交通。⑷擴建中鋼公司第二期第二階段工程。⑸繼續興建核能發電二、三兩廠。⑹完成臺中港第二、三期工程。⑺開發新市鎮，廣建國民住宅。⑻加速改善重要農田排水系統。⑼修建臺灣西岸海堤工程及全島重要河堤工程。⑽拓建由屏東至鵝鑾鼻道路為四線高級公路。⑾設置農業機械化基金，促進農業全面機械化。⑿建立每一縣市文化中心，包括圖書館、博物館、音樂廳。這十二項建設具有：⑴加速農業現代化，⑵著重國民生活素質的改善，⑶普遍照顧全體國民精神與物質生活等三大特色。

3.十四項重要建設　在民國七十年代，由於長期工業化、都市化、科技化、開放化的影響，經濟成長雖有可觀的成果，但經濟社會的許多層面卻出現了失調現象，如都市交通、垃圾處理、防洪排水、環境生態等問題。政府為了一方面繼續提升人民的物質生活水準，一方面要致力於環境和生活素質的改善，所以在民國七十三年，宣布推動十四項重要建設，包括：「(一)中鋼擴建，(二)電力發展，(三)油氣能源設施，(四)電信現代化，(五)鐵路擴展，(六)公路擴展，(七)臺北市區鐵路地下化，(八)臺北都會區大眾捷運系統，(九)防洪排水，(十)水資源開發，(十一)自然生態保護及國民旅遊，(十二)都市垃圾處理，(十三)醫療保健，(十四)基層建設。」「十四項建設的積極推動，將使通訊與運輸服務更為便捷，水資源供給可達豐足，城鄉環境趨於美觀，醫療保健設施普及完善，休閒遊憩活動更蓬勃發展。」「而十四項建設估計投資高達九千四百億元。由於投資額鉅大，將可產生兩種效果：一是促進國內資源的有效運用，緩和貿易出超的擴大及外匯準備的大量累積，減輕對物價膨脹的壓力；二是經由公共投資的增加，刺激國內的需求，帶動國內工商業發展，進而激勵民間投資意願，促進景氣早日復甦，並維持經濟持續成長。」

參考題

❶ 試述　國父在民生主義財產及企業方面的主張。（七十二年鐵路特考）

❷ 民生主義在企業方面爲何主張民營與國營兼顧？（七十二年二專夜聯）

❸ 國父說：「中國實業之開發，應分兩路進行。」試就民營與國營必須兼顧的道理，加以說明。（六十九年普考一梯次）

❹ 試舉實例說明政府在臺灣對民生主義經濟建設之成就。（六十一年電信特考、六十九年關稅金融特考、六十九年臺省分類職位升等考）

❺ 試說明我國十項工程建設和十二項建設與民生主義的關係。（七十二年普考）

第五章　五大建設

第一節　心理建設

一、心理建設的意義與主旨

㈠**心理建設的意義**　心理建設就是國民精神建設，以　國父的「知難行易」學說（孫文學說）和先總統　蔣公的「力行哲學」爲主要的內容。　國父說：「國者人之積也，人者心之器也。」「夫心也者，萬事之本源也。」「一國之趨勢，爲萬衆心理所造成，若其勢已成，則斷非一二因利乘便之人之智力所可轉移也。」（孫文學說）所以建國的基礎，發端於心理。　蔣公說：「所謂心理建設，係概括一切心理狀態之改造。直截言之，就是國民精神建設。」「心理實爲革命的根本要務。」（國父遺敎概要）所以心理建設是一切建設的基礎。

㈡**心理建設的主旨**　國父說：「吾黨革命之初心，本以救國救民爲志，欲出斯民於水火之中，而登之袵席之上。不圖革命初成，黨人卽起異議，謂予所主張理想太高，不適於中國之用，衆口鑠金，一時風靡，亦悉惑焉。」（孫文學說）　蔣公也說：「　總理覺得我們中國文明不能進步，政治上各種建設不能進行，革命主義不能實現，最大的病根，就是由於一般人的心理深中了幾千年來『知之匪艱，行之維艱』這個傳統的毒。」（國父遺教概要）所以心理建設的主旨，乃在糾正國人畏難不行的傳統錯誤心理，建立力行實踐的革命精神，要使國人皆知「知之難」，而篤信主義，知「行之易」，而力行主義，以建設新國家。

二、孫文學說的內容要旨

㈠**知難行易學說的科學論證**　國父說：「凡眞知特識必從科學而來也。捨科學而外之所謂知識者，多非眞知識也。」（孫文學說）「知難行易」學說，就是從科學實證中得來。而其所謂的「知」，也大多是「科學的知」。國父曾將其「構思所得十事」，來證明知難行易學說的正確。

1. 以飲食爲證　身內飲食之事，人人由之，日日行之，然不獨一般人不明其底蘊，「卽近代之科學已大有發明，而專門之生理學家、醫藥學家、衞生學家、物理家、化學家，有專心致志以硏究於飲食一道者，至今已數百年來，亦尚未能窮其究竟者也。」這證明飲食之「行」易，飲食之「知」難。

2. 以用錢爲證　錢幣爲百貨之中準、交易之媒介。但「世之能用錢而不知錢之爲用者，古今中外，比比皆是。」因爲雖然人人用錢，日日用錢，但關於「錢」的本質，「幣制」的作用，則很少人知道。這證明用錢之「行」易，用錢之「知」難。

3. 以作文爲證　中國文人祇會作文章，而不能知文章。因爲「中國自古以來，無文法文理之學。爲文者窮年揣摩，久而忽通，暗合於文法則有之，能自解析文章，窮其字句之所當然，與用此字句之所以然者，未之見也。」這證明作文之「行」易，作文之「知」難。

4. 以建屋爲證　國父說：「夫人類能造屋宇以安居，不知幾何年代，而後始有建築之學。中國則至今猶未有其學，故中國之屋宇多不本於建築學以造成。」所謂不本於建築以造成屋宇者，蓋暗合建築學之理也。這證明建屋之「行」易，建屋之「知」難。

5. 以造船爲證　明三寶太監鄭和下南洋，在科學不發達，又缺乏現代造船科技的情況下，但用人工，在十四個月內，造成長四十四丈，寬十八丈，容積四、五千噸之大船六十四艘，載運二萬八千人巡遊南洋。這證明造船之「行」易，造船之「知」難。

6. 以築城爲證　當秦代時，科學未明，機器未創，工程學未逮於今日，而秦始皇令蒙恬修長城，東起遼寧，西迄臨洮，號爲萬里長城，至今歎爲觀止。這證明築城之「行」易，築城之「知」難。

7. 以開河爲證　我國隋代所開的大運河，北起通州，南達杭州，長三千餘里，爲世界最長運河，能在科學不昌明時代完成，這證明開河之「行」易，開河之「知」難。

8. 以電學爲證　人類隨時都在用電，但能明白電學原理與電氣作用的有幾人？這證明電學之「行」易，電學之「知」難。

9. 以化學爲證　中國之化學製造事業，已有數千年歷史，然而行而不知其道者，比比皆是，如燒鍊術、製陶瓷等。又如連鄉下人多能製豆腐，然並不知其化學原理。這證明化學之「行」易，化學之「知」難。

10. 以進化爲證　進化是自然的軌道，人類自草昧進於文明，由文明更進文明，並不明白其道理，直至達爾文出，始明白物種進化的原則。這證明進化之「行」易，進化之「知」難。

㈡**知難行易的其他論證**　國父除以上述科學十證來闡釋知難行易的道理之外，又以「心性」、「歷史進化三時期」、「人類社會三系」，來證明知難行易的眞理。

1. 心性的論證　國父說：「或曰：『行易知難之十證，於事功上誠無間言，而於心性上知行，恐非盡然也。』吾乃於此請以孟子之說證之。孟子盡心篇曰：『行之而不著焉，習矣而不察焉，終身由之而不知其道者，衆也。』此正指心性而言也。由是而知行易知難實爲宇宙之眞理，施之於事功，施之於心性，莫不皆然。」

2. 歷史進化三時期的論證　國父說：「夫以今人之眼光，以考世界人類之進化，當分爲三時期：第一由草昧進文明，爲不知而行之時期。第二由文明再進文明，爲行而後知之時期。第三自科學發明後，爲知而後行之時期。」據考證，人類由草昧進文明，史前期有數十萬年之久。但自文字發明，人類文明史不過五千年，而自科學昌明至今，不過五百年。所以由人類進化的歷史來看，不知而行的時間特別長，亦足證明行是易，知是難。

3. 人類社會三系的論證　國父說：「夫人羣之進化，以時考之，則分爲三時期，如上所述：曰不知而行之時期，曰行而後知之時期，曰知而後行之時期。而以人言之，則有三系焉：其一先知先覺者，爲創造發明；其二後知後覺者，爲倣效推行；其三不知不覺者，爲竭力樂成。有此三系人相需爲用，則大禹之九河可疏，秦皇之長城能築也。」所以文明之進化，成爲三系之人，其中先知先覺之發明家爲數甚少，而不知不覺之實行家，則爲芸芸衆生。此亦足證明行是易，知是難。

㈢**能知必能行**　國父說：「當今科學昌明之時，凡造作事物者，必先求知而後乃敢從事於行，所以然者，蓋欲免除錯誤而防費時失事，以冀收事半功倍之效也。是故凡能從知識而構成意像，從意像而生出條理，本條理而籌備計畫，按計畫而用工夫，則無論其事物如何精妙，工程如何浩大，無不指日可以樂成者也。」由此可知，根據科學的「知」去行，可避免錯誤，節省時間，成功是必然的。凡知之徹底者，行之必易，我們對於三民主義和五權憲法如能知之，又能行之，則建設三民主義的國家和五權憲法的政府，當非難事。

㈣**不行不能知**　國父說：「夫習練也、試驗也、探索也、冒險也，此四者，乃文明之動機也。生徒之習練也，卽行其所不知以達其欲能也；科學家之試驗也，卽行其所不知以致其所知也；偉人傑士之冒險也，卽行其所不知以建其功業也。」　蔣公也說：「我們一方面固當竭力求知，同時還應該從力行中去求眞知。凡是我們學問經驗中認爲已經獲得的知識，如果不是經過實行而證明爲有效，就不能斷定所知者果爲眞知。所以我們一切事業必須實行而後始有眞知，也惟有能行而後能知。大學所謂『至於用力之久，而一旦豁然貫通焉，則眾物之表裏精粗無不到，而吾心之全體大用無不明矣。』——這就是力行的效果，也就是革命成功的方法。如果經過實行或實驗以後，而我們所得的知識、所用的方法，證明爲不能見效，我們就可以察覺從前所認爲已知者，其實不是眞知，這樣我們就可以擴充我們知識見解的範圍，就與獲得眞正的知識一樣，所謂『不知爲不知，是知也』；世上最確實的求知方法，就無過於此了。」（行的道理）知識是由經驗累積而成的，是不斷力行的結果，所以「知」是從「行」中產生出來的，如果不去「行」，自然不能得知。

(五)**不知亦能行**　國父說：「當科學未發明之前，固全屬不知而行……然科學雖明，惟人類之事仍不能悉先知之而後行之也。其不知而行之事，仍較於知而後行者尤爲多，且人類之進步，皆發軔於不知而行之者也。此自然之理則，而不以科學之發明爲之變易者也。」所以能知固能行，不知亦能行，因爲行是人類之本能，各人藉其本能，利用模仿和一己之經驗，以謀生存，科學文明乃日漸昌明。

(六)**有志竟成**　有志竟成是「孫文學說」的結論。　國父提倡「知難行易」學說，主要的意義還是勉人以「篤實履踐」的「行」，而篤實履踐的結果，終於是「有志竟成」，他並以立志革命，歷盡艱難，終底於成的事實作爲證明。　國父認爲：「夫事有順乎天理，應乎人情，適乎世界之潮流，合乎人羣之需要，而爲先知先覺者所決志行之，則斷無不成者也。此古今之革命維新，興邦建國等事業是也。」（孫文學說）

三、力行與革命建國

(一)**行的道理**　先總統　蔣公繼承　國父革命志業，特別重視「心理建設」。他由　國父的「知難行易」學說發展出「力行哲學」，特別重視一個「行」字，把「行」的道理，從宇宙到人生，從理論到實踐，透徹地闡明。　蔣公指出：「行就是人生。」「人生自少至老，在宇宙中間，沒有一天可脫離行的範圍。可以說人是在行的中間成長，由行的中間而充實了人格，而提高了人格。」「我們要認識行的眞諦，最好從易經上『天行健，君子以自強不息』一句話上去體察。」「明白了人生在宇宙間的地位和價值，而行乎其所不得不行。」（行的道理）人類是宇宙的一部分，宇宙因運行而有進化，人類亦必由力行以求發展，所以：「古今來宇宙之間，只有一個行字，纔能創造一切。」（同上）

㈡**力行是革命成功的保證**　革命是從非常的破壞到非常的建設，必須「力行」始能達成。　蔣公說：「力行的效果，就是革命成功的方法。」（同上）又說：「我認爲革命不患其不成，祇患其不能力行。……過去五十年來，我們無數先烈和同志因爲本此一『誠』，發爲大智、大仁、大勇，力行三民主義，不知經過了多少困難！一部中國革命建國史幾乎完全是中國國民黨一般先烈同志的碧血寫成，我們今天遭到空前的困難，本黨承全國國民負託之重，擔負　總理和無數先烈遺留給我們的革命建國的重任，要想死裏求生，完成救亡復興的偉業，祇有從『力行』中去實現三民主義，這是大家應該特別注意的。」（三民主義之體系及其實行程序）由此可知，惟有力行，才是我們革命建國成功的確切保證。

參　考　題

❶ 試以建屋及電學爲例，證明「知難行易」的學說。（五十三年中學教師檢定考試）
❷ 試以達爾文的進化論，說明　國父對人類進化順序的分期。（五十四年中學教師檢定考試）
❸ 以孫文學說爲根據，說明中國文字不應毀滅之理由。（五十四年中學教師檢定考試）
❹ 試述心理建設的重要性。（五十五年普考）
❺ 試述知難行易學說的理論。（五十九年普考、六十年普考）
❻ 試以進化證明知難行易之理。（四十年普考）
❼ 試析論知難行易學說的主旨，並列舉　國父構思所得的十大例證。（六十七年普考）
❽ 孫文學說指出，人類進化可分那三期？（六十八年普考）

❾ 試就孫文學說第八章有志竟成所得的啟示，闡明反共必勝的道理。（六十六年普考）

❿ 試引述　國父及先總統　蔣公見解，闡述心理建設之要旨。（七十二年普考）

第二節　倫理建設

一、倫理建設的意義和重要性

㈠**倫理的意義**　蔣公說：「所謂倫理，照字面的本義說，倫就是類，理就是紋理，引伸為一切有條貫，有脈絡可尋的條理。是說明人對人的關係，這中間包括分子對羣體的關係，分子與分子的相互關係，卽亦人對家庭、鄰里、社會、國家、和世界人類應該怎麼樣，闡明他各種關係上正當的態度，訴之於人的理性，而定出行為的標準。倫理與法制不同，就是倫理是從人類本性上啟發人的自覺的。」（三民主義的本質）

㈡**倫理建設的意義**　蔣公說：「所謂倫理建設，就是國民道德建設，要以　總理所講的忠孝仁愛信義和平八德的精神，以昌明我國固有的人倫關係，卽所謂五倫——就是五達道為內容，以實行禮運篇的博愛、互助、盡己、共享為原則。」（三民主義之體系及其實行程序）

㈢**倫理建設的重要性**　蔣公說：「我們為什麼要著重倫理建設？簡單說是要打倒自私自利的個人主義以掃除革命建國的障礙。在積極方面，是要改進人民的行為，恢復民族固有的道德，從而發揚光大，養成國民高尚健全的人格；使我四萬萬五千萬同胞，人人能够犧牲小我，捨己利羣，盡忠家國，盡孝民族，仁民愛物，和平互助，如手足兄弟一樣，禦侮建國，合力共赴。這種倫理建設與心理建設，都是為了提高一切建設的基本力量，在革命建國時期中，應視為急要之務。」（同上）

二、倫理建設的內容

㈠**八德**　國父說：「講到中國固有的道德，中國人至今不能忘記的，首是忠孝、次是仁愛、其次是信義、其次是和平。」就忠說：「我們在民國之內，照道理上說，還是要盡忠，不忠於君，要忠於國，要忠於民，要為四萬萬人去效忠。」就孝說：「現在世界中最文明的國家，講到孝字，還沒有像中國講到這麼完全。」就仁愛說：「仁愛也是中國的好道德，古時最講愛字的莫過於墨子。墨子所講的兼愛，與耶穌所講的博愛是一樣的。」就信說：「中國人講一句話比外國人立了合同的，還要守信用得多。」就義說：「中國人在很強盛的時代也沒有去滅人國家。」就和平說：「中國人幾千年酷愛和平都是出於天性。論到個人，便重謙讓。論到政治，便說不嗜殺人者能一之，和外國人便有大大的不同。」（民族主義第六講）

㈡**三達德**　國父指出「智、仁、勇」三大德目，即我國傳統思想所謂的「三達德」。先總統　蔣公認為革命的原動力，合起來說，只是一個「誠」字，但分開來說，則是智、仁、勇三者。此三者實為革命者修養的基本德目。中庸上說：「知者不惑、仁者不憂、勇者不懼。」革命者必須有大智、大仁、大勇才能完成使命。

國父認為軍人之「智」是：別是非、明利害、識時勢、知彼己。「是非」如何別？利於民則為是，不利於民則爲非；利於國則爲是，不利於國則非；是非之別，卽在合乎道不合乎道。「利害」如何明？是則爲利，利可爲也；非則爲害，害不可爲也。「時勢」如何識？在於「審時度勢」，「乘勢便利」，乘革命時機，造出新國家，求遠大之利益。「彼已」如何知？以有主義與無主義戰，以爲公者與爲私者戰，勝敗之數可知。

國父認爲「仁」就是博愛。「仁」有三種：「救世之仁」——宗教家之仁，「救人之仁」——慈善家之仁，「救國之仁」——革命志士之仁。軍人以救國救民爲目的，有救國救民之責任，其救國救民之道，卽實行三民主義。

國父認爲「勇」就是「不怕」。軍人之「勇」在於「長技能」、「明生死」。長技能有五：卽「命中」、「隱伏」、「耐勞」、「走路」、「吃粗」。明生死要知：「爲國家效死，死有重於泰山，我死則國生，我生則國死，生死之間，在乎自擇。」「以吾人數十年必死之生命，立國家億萬年不死之根基。」（軍人精神教育）

除了有智、仁、勇的精神修養外，還要有「決心」。國父說：「軍人精神，前已言之，第一之要素爲智。……第二之要素爲仁。……第三之要素爲勇。……此三者爲軍人精神之要素，欲使發揚光大，非有決心，不能實現。」（同上）而決心的表現，卽：「不成功，便成仁。」

㈢**四維**　先總統　蔣公提出「禮、義、廉、恥」，作爲實踐新生活運動的準則，就是要將禮、義、廉、恥寓於日常生活之中。蔣公說：「要救中國目前反覆虛僞浮夸零亂的風氣，惟有齊之於禮，使民能崇信；要救中國目前澆薄殘忍冷酷自私的風氣，惟有示之於義，使民能興仁；要救中國目前貪婪放浪義利不分的惡習，唯有砥之於廉，使民能有辨別是非的智慧；要救中國目前怯懦苟且墮落消沈的惡習，惟有勵之於恥，使民能有感激效命犧牲奮鬪的勇氣。」（禮義廉恥的精義）我們從食衣住行的日常生活中，做到整齊、清潔、簡單、樸素、迅速、確實的標準，以合乎禮義廉恥，便是道德運動的實踐，因爲道德要從日常生活中表現出來，才不落於空泛。簡言之：「禮」是規規矩矩的態度，就是守規矩、守法律。「義」是正正當當的行爲，就是講公德、不自私。廉是淸淸白白的辨別，就是愼取予、不苟得。恥是切切實實的覺悟，就是能自重，求上進。

三、倫理建設與社會道德

國父說：「物種以競爭爲原則，人類以互助爲原則。」（孫文學說）又說：「社會國家者，互助之體也；道德仁義者，互助之用也。」（同上）他認爲達爾文「生存競爭」的物種進化論，不能用之於人類。人類本身雖亦偶有生存競爭的現象，但卻不是社會進化的原因，互助才是人類進化的原因。因爲「社會上之事業，非一人所能獨任，如農業，如工業，如商業等等，在乎吾人自審所長，各執一業，此之謂分工。」（軍人精神教育）分工是合作的眞義，也就是互助的手段。國父又說：「從前學界中人所知者，生存競爭，優勝劣敗而已。然此種學說，在歐洲三十年前，頗爲盛行。今日則不宜主張此說，應主張社會道德，以有餘補不足。大凡天之生人，其聰明才力，各不相同。聰明才力之有餘者，當輔助聰明才力之不足者，在政治上爲工人，在社會上爲社會公僕。今中國革命成功，適值改良學說之際，學說既宜改良，方針亦宜改變，所謂今日唯一方針者，社會道德是也。」（學生應主張社會道德）由此可見互助合作的社會道德之重要。這種互助合作的社會道德，有賴人類服務道德心的發達，這也是倫理建設發展的極致。

參考題

❶ 試述倫理建設的意義和內容。
❷ 倫理建設和社會道德有何關係？

第三節　社會建設

一、社會建設的意義

㈠**社會建設的意義**　社會建設是政治的基本建設，其重心在使人民有集會討論的能力，並使人民有組織有團體，以奠定民權政治的根基，所以先總統　蔣公說：「社會建設當以　總理的民權初步做規範，以組織保甲及社會法定團體爲基礎。」（國父遺教概要）

㈡**民權初步的重要**　國父說：「民權何由發達？則從固結人心，糾合羣力始；而欲固結人心，糾合羣力，又非從集會不爲功。」（民權初步自序）所以著「民權初步」一書，爲社會建設的規範。　蔣公指出：「這部書的內容，就是專講集會議事之種種法則，其直接目的，當然是要教一般國民能夠熟悉這些法則，以完成民權初步的訓練；而且間接的作用，尤在藉此養成一般國民重秩序、守紀律、有組織的習

性，從而團結人心，增強民力，發展民權，造成有組織的現代社會。」（國父遺教概要）

二、民權初步的內容要旨

㈠會議的定義、種類與規則　國父說：「一人謂之獨思，二人謂之對話，三人以上而循一定之規則者，則謂之會議。」（民權初步第一章）「會議有三種：其一臨時集會，爲應付特別事件而生者。其二委員會，乃受高級團體之命令而成，以審查所指定之事，而爲之解決，或爲之籌備者。其三永久社會，爲有一定目的而設者。」（同上）有「規則」的會議，「其組織必有舉定之職員，以專責成；其行事必按一定之程序，有條不紊。如提議一案也，必先請於主座以討地位，得地位而後發言。既提之案，必當按次討論，而後依法表決。一言一動，秩序井然，雍容有度。」（同上）

㈡議事程序　國父說：「議場每行一事，其手續有三：其一動議，其二討論，其三表決。此三手續，乃一線而來，無論如何複雜之程序，皆以此貫之。」（民權初步第七章）

1. 動議　動議是對於事體處分之提案，是由提案者提出事件和意見，請求討論和表決者。動議在同一時間，只能有一個獨立動議，獨立動議除權宜問題及秩序問題外，得於無其他動議或事件在場時提出之。每一動議，須先徵求其他會員的附議才得成立，惟預先由兩人以上聯名提出列入議程的提案，則不必再徵求附議，即可提付討論。

動議有時可以收回，有時不可以收回：⑴未經附議前，得由動議人收回。⑵經附議後，非經附議人同意，不得收回。⑶經主席接述者，原動議人如欲收回，須經主席徵詢無異議後行之；如有異議，應由主席逕付表決定之。⑷經修正通過者，不得收回。

動議可以分開，卽一動議具有數段性質者，得由主席或出席人動議，分開討論及表決。主動議之外，又有所謂「附屬動議」，凡附屬於獨立動議，使之改變內容，改變討論的情況者。附屬動議共有七種：⑴散會議：目的在終止會議的進行。⑵擱置議：卽將原案擱置不議。⑶停止討論議：目的在終止冗長的討論，催促議案的處理。⑷定期延期議：旨在愼重考慮本案。⑸附委議：卽將議案交付委員會審查，再行討論表決。⑹修正議：目的在修改原案。⑺無期延期議：意在打消動議。上述七種附屬動議，是依其重要性依次排列，處理時的先後秩序，不得顚倒。

2. 討論　「討論之定義：狹義言之，卽對於一問題，具有成見，意趣不同，表決背馳，而下反對之駁議也。但以廣義言之，卽包括對於問題一切之評論，無論其爲反對與贊同也。」（同上）

動議的討論，應依優先秩序，逐一進行，在同一時間，不得討論二動議，卽「一時一事」的原則。動議經主席接述後，便可開始討論，會員於討得地位後，卽可抒其所見，但當就題論事，不得涉及個人。如有兩人以上同時起立請求發言時，主席可裁定離座最遠，或最少發言者取得地位，如有不服，得由主席訴請公決。權宜問題和秩序問題，均不需附議，不必討論，卽由主席裁定。散會動議及停止討論動議，雖需經附議，但不必討論，卽由主席逕付表決。

3. 表決　表決的用意，在於明白顯示會衆的意見，以便決定對在場議案的處理方法。表決的方式可分爲：⑴舉手，⑵起立，⑶正反兩方分立，⑷唱名，⑸投票。以表決的方式，獲得規定額數贊同者，謂之「通過」。主席以不參與表決爲原則，但下列情形亦得行使表決權：⑴議案表決同數時，⑵議案表決可否相差一票時，⑶議案可否有特別規定的額數，如相差一票，卽達規定額數時。

㈢**權宜問題和秩序問題**　所謂「權宜問題」，卽凡會場遇意外事件如有人騷擾會場、燈光熄滅，或會員因遠行要求優先發言等，都構成權宜問題。此際，得不顧是否有人正在發言，可逕向主席提出權宜問題，主席卽應停止會議中任何事情的處理，聽取會員的報告，待主席判別決定，是否接受或打消，如會員不服亦可訴請公決。權宜問題處理後，被其所間斷的事情，仍應回復，繼續處理。所謂「秩序問題」，卽在議案進行中，無論會員或主席，如有破壞會議秩序或違背議事規則情事，便構成秩序問題。此時，不必先取得發言地位，得向主席逕行提出，主席想立卽先加處理，故順序越過一切動議之前，而權宜問題又較秩序問題爲優先。

參考題

❶ 民權初步爲議學之書，試說明議學與民權發達之關係。（四十年普考）

第四節　政治建設

一、政治建設的意義與目標

㈠**政治建設的意義**　政治建設就是國家建設，也就是有關國家的機構、法律、制度的建設，一方面要建立中央的政制體系，一方面要完成地方自治的民治基礎。政治建設可分爲廣義和狹義兩種。先總統蔣公說：「廣義而言，總理的三民主義、五權憲法、建國方略、建國大綱等全部遺教，都可包括在內。而我們在此處所講的政治建設，比較是採狹義的，卽指普通所謂『政治』的範圍以內之實際事務，特別是指國家政治機構之建設與運用而言。基此意義，可知建國大綱，就是　總理關於政治建設最簡要切實的寶典，而地方自治開始實行法爲其補充的規定。至於五權憲法，則爲政治建設所要建設的理想制度。」（國父遺敎概要）

㈡**政治建設的目標**　蔣公說：「講到政治建設的目標，　總理少年時有上李鴻章書，其中緊要的就是：『人能盡其才，地能盡其利，物能盡其用，貨能暢其流，此四者，富強之大經，治國之大本也。』……不過大家要曉得：所謂政治建設的目標，分開來講固然應當同時舉出這四個來，若是就政治的根本作用，將政治建設的目標，講得更簡明更徹底一點，可以說政治建設的目標就是民生。」（同上）

二、建國大綱的內容要旨

㈠**建國根據**　建國大綱第一條：「國民政府本革命之三民主義、五權憲法，以建設中華民國。」可見建國的根據，就是三民主義和五權憲法。

㈡**建國目標**　建國大綱第二條：「建設之首要在民生。故對於人民之食、衣、住、行四大需要，政府當與人民協力，共謀農業之發展，以足民食；共謀織造之發展，以裕民衣；建築大計畫之各式屋舍，以樂民居；修治道路、運河，以利民行。」第三條：「其次爲民權。故對於人民之政治知識、能力，政府當訓導之，以行使其選舉權，行使其罷官權，行使其創制權，行使其複決權。」第四條：「其三爲民族。故對於國內之弱小民族，政府當扶植之，使之能自決自治；對於國外之侵略強權，政府當抵禦之。並同時修改各國條約，以恢復我國際平等，國家獨立。」所以建國的三目標爲「民生」、「民權」、「民族」，而以「民生」爲首要。

㈢**建國程序**　建國大綱第五條至第二十五條都是說明建國的程序。就是將建國程序分爲軍政、訓政和憲政三時期。

1.軍政時期　建國大綱第六條：「在軍政時期，一切制度悉隸於軍政府之下，政府一面用兵力以掃除國內之障礙，一面宣傳主義以開化全國之人心，而促進國家之統一。」這是規定軍政時期的工作。第七條：「凡一省完全底定之日，則爲訓政開始之時，而軍政停止之日。」這是規定軍政、訓政之過渡時期。

2.訓政時期　建國大綱第八條：「在訓政時期，政府當派曾經訓練、考試合格之員，到各縣協助人民籌備自治。其程度以全縣人口調查清楚，全縣土地測量完竣，全縣警衞辦理妥善，四境縱橫之道路修築成功；而其人民曾受四權使用之訓練，而完畢其國民之義務，誓行革命之主義者，得選舉縣官，以執行一縣之政事；得選舉議員，以議立一縣之法律，始成爲一完全自治之縣。」這是規定訓政時期以縣爲單位的地方自治之基本要務。第九條：「一完全自治之縣，其國民有直接選舉官員之權，有直接罷免官員之權，有直接創制法律之權，有直接複決法律之權。」這是規定一完全自治之縣，人民享有充分的四權。第十條：「每縣開創自治之時，必須先規定全縣私有土地之價。其法由地主自報之，地方政府則照價徵稅，並可隨時照價收買。自此次報價之後，若土地因政治之改良、社會之進步而增價者，則其利益當爲全縣人民所共享，而原主不得而私之。」這是規定實施平均地權的辦法。第十一條：「土地之歲收，地價之增益，公地之生產，山林川澤之息，礦產水力之利，皆爲地方政府之所有；而用以經營地方人民之事業，及育幼、養老、濟貧、救災、醫病與夫種種公共之需。」這是規定地方政府應辦的公共事業、社會救濟及其經費之來源。第十二條：「各縣之天然富源以及大規模之工商事業，本縣之資力不能發展與興辦，而須外資乃能經營者，當由中央政府爲之協助；而所獲之純利，中央與地方政府各占其半。」這是規定中央對地方事業在必要時予以協助。第十三條：「各縣對於中央政府之負擔，當以每縣之歲收百分之幾爲中央歲費，每年由國民代表定之。其限度不得少於百分之十，不得加於百分之五十。」這是規定各縣對於中央政府之負擔比例。第十四條：「每縣地方自治政府成立之後，得選國民代表一員，以組織代表會，參預中央政事。」這是規定國民行使民權與聞國事的辦法。第十五條：「凡候選及任命官員，無論中央與地方，皆須經中央考試、銓定資格者乃可。」這是規定選任官員的辦法。第十六條：「凡一省全數之縣皆達完全自治者，則爲憲政開始時期，國民代表會得選舉省長，爲本省自治之監督，至於該省內之國家行政，則省長受中央之指揮。」這是規定完成自治的省份，開始實施憲政的辦法。第十七條：「在此時期，中央與省之權限采均權制度。凡事務有全國一致之性質者，劃歸中央；有因地制宜之性質者，劃歸地方；不偏於中央集權或地方分權。」第十八條：「縣爲自治之單位，省立於中央與縣之間，以收聯絡之效。」這是規定均權制度及省、縣的地位。

3.憲政時期　建國大綱第十九條：「在憲政開始時期，中央政府當完成設立五院，以試行五權之治。其序列如下：曰行政院；曰立法院；曰司法院；曰考試院；曰監察院。」這是規定中央政府的組織，即五權分立之制。第二十條：「行政院暫設如下各部：一、內政部；二、外交部；三、軍政部；四、財政部；五、農鑛部；六、工商部；七、教育部；八、交通部。」這是規定行政院的組織。第二十一條：「憲法未頒布以前，各院長皆歸總統任免而督率之。」這是規定過渡期間五院院長的任免督率。第二十二條：「憲法草案當本於建國大綱及訓政、憲政兩時期之成績，由立法院議訂，隨時宣傳於民眾，以備到時采擇施行。」第二十三條：「全國有過半數省分達至憲政開始時期，即全省之地方自治完全成立時期，則開國民大會決定憲法而頒布之。」以上兩條是規定制定憲法的方法及正式頒布時期。第二十四條：「憲法頒布之後，中央統治權則歸於國民大會行使之。即國民大會對於中央政府官員有選舉權，有罷免權；對於中央法律有創制權，有複決權。」這是規定憲法頒布後，國民大會為國家最高的權力機關。第二十五條：「憲法頒布之日，即為憲政告成之時，而全國國民則依憲法行全國大選舉。國民政府則於選舉完畢之後三個月解職，而授政於民選之政府，是為建國之大功告成。」這是說明憲法頒布之日，即憲政告成之時，至此還政於民，建國工作乃完成。

三、地方自治

㈠**地方自治的意義**　國父解釋地方自治的意義是：「將地方上的事情，讓本地方人民自己去治，政府毫不干涉。」（國民以人格救國）由此引申來說，地方自治就是一個地方的人民，在國家法律範圍內，自己制定自治法規，自己選舉自治人員組成自治政府，來管理本地方的公共事務之謂。

㈡**地方自治的重要**　地方自治的重要性，可分兩方面來說：

1. 地方自治是建設國家的基礎　國父說：「地方自治者，國之礎石也。礎不堅，則國不固。」又說：「三千縣之民權，猶三千塊之石，礎堅則五十層之崇樓不難建立。建屋不能猝就，建國亦然。」（自治制度爲建設之礎石）建設國家，譬如造屋，「而建造新屋首重基礎，地方自治，乃建設國家之基礎。民國建設後，政治尚未完善；政治之所以不完善，實由於地方自治未發達。若地方自治已發達，則政治郎可完善，而國家郎可鞏固。」（辦理地方自治是人民的責任）

2. 地方自治是實施民權的根本　國父說：「民治萬端，而切要當急者，莫如地方自治；蓋自治不立，則民權無自而生。」（爲討伐曹錕賄選總統告國人文）又說：「眞正民治，是要兄弟所主張的民權主義，能够極端做到，可以讓人民在本地方自治，那才完事。」（國民要以人格救國）因爲必「待自治已有成績，乃可行直接民權之制也」。建國大綱第九條規定：「一完全自治之縣，其國民有直接選舉官員之權，有直接罷免官員之權，有直接創制法律之權，有直接複決法律之權。」可見直接民權之行使，以地方自治爲前提。

㈢**地方自治的單位**　國父說：「以一縣爲自治單位，縣之下再分爲鄉村區域，而統於縣。」（孫文學說第六章）又說：「先以縣爲自治單位，於一縣之內，努力除舊佈新，以深植人民權力之基本，然後擴而充之，以及於省。」（制定建國大綱宣言）至於地方自治的範圍，國父則謂：「當以一縣爲充分之區域，如不得一縣，則聯合數村，而附有縱橫二、三十里之田野者，亦可爲一試辦區域。」（地方自治開始實行法）爲什麼要以縣爲地方自治的單位呢？因爲：一是區域過小則人力財力不足，區域過大則失去地方自治的價值，而縣的大小最爲適中。二是縱橫數十里，人口數十萬之縣，較便於實行直接民權。三是「國人對於本縣，在歷史習慣上，有親暱之感覺。」（中華民國的意義）卽人民對本縣較有親切之感而有團體的觀念。

㈣**地方自治的工作**　國父在「地方自治開始實行法」中，規定地方自治開始的六項中心工作，此卽：淸戶口、立機關、定地價、修道路、墾荒地、設學校。又說：「以上自治開始之六事，如辦有成效，當逐漸推廣，及於他事。此後之要事，爲地方自治團體所應辦者，則農業合作、工業合作、交易合作、銀行合作、保險合作等事。」此外，建國大綱第十一條規定：「土地之歲收，地價之增益，公地之生產，山林川澤之息，礦產水力之利，皆爲地方政府之所有，而用以經營地方人民之事業，及育幼、養老、濟貧、救災、醫病與夫種種公共之需。」亦可列自治工作的範圍。總之，地方自治團體「不止爲一政治組織，亦並爲一經濟組織」，地方自治是「以實行民權、民生兩主義爲目的。」

參考題

❶ 富強之大經，治國之大本，要在於那四事？（六十八年普考）

❷ 建國大綱分建國程序爲軍政、訓政、憲政三時期，試分別說明之。（五十三年中學教師檢定考試）

❸ 試根據建國大綱說明建國程序及各個時期的重要工作。（六十一年普考、六十二年丙等國防特考）

❹ 建國大綱共有幾條？何人於何時訂定？何以說建設之首要在民生？試說明之。（五十六年中學教師檢定考試）

❺ 三民主義之順序爲民族、民權、民生，而建國大綱則謂建設之首要在民生，試申其義。（五十一年中學教師檢定考試）

❻ 建國大綱規定：「凡候選及任命官員，皆須經中央考試銓定資格者乃可。」試申述其理由。（五十一年中學教師

檢定考試）

❼ 解釋名詞：地方自治。（六十六年丙等基層特考、六十七年丙等鐵路特考、六十七年電信特考、六十八年丙等退除役特考、六十九年電信特考、六十九年基層特考、七十年國防特考）

❽ 何謂地方自治？地方自治有那些中心工作？（七十二年國防及軍法官特考）

❾ 試述地方自治的重要性及其理想。（五十九年普考、六十年普考）

❿ 試說明　國父爲何以縣爲地方自治之單位？（六十年電信特考、六十五年丙等警察特考）

⓫ 試說明地方自治開始的六項工作。（五十六年退除役特考、六十二年臺灣經建行政特考、七十年鐵路員級人員特考）

⓬ 試就地方自治理論與辦法，看臺灣地方自治之實施。（六十八年普考）

⓭ 臺灣省實施地方自治，其成效如何？試略述之。（六十三年丙等基層特考）

第五節　經濟建設

一、經濟建設的意義

㈠**經濟建設的意義**　經濟建設，就是物質建設，也就是建國方略中「實業計畫」的實踐。先總統蔣公說：「應以　總理實業計畫，爲全國經濟建設的綱領。」（三民主義之體系及其實行程序）經濟建設是一切建設的根本，經濟建設在於實行「實業計畫」，以發達實業，從而實現民生主義的理想，以解決人民的生活，增進人民的福利，促成國家的富強。

㈡國民經濟建設運動的意義　先總統　蔣公說：「國民經濟建設運動者，以建設國民經濟卽解決民生問題爲目的，……國民經濟建設運動之本位，則爲國民也，其對象則爲民生也。　總理以民生主義爲三民主義之中心，國民經濟建設運動者，實以三民主義爲基礎，亦卽民生主義實現之初步也。」（國民經濟建設運動之意義及其實施）

㈢國民經濟建設運動的目標　蔣公說：「本運動之總目標爲盡人力，闢地利，均供求，暢流通，以謀國民經濟之建全發展。」分開來說：「在積極方面：甲、增加生產總量，解決生活需要。乙、增加工作機會，解決失業問題。丙、增加輸出產品，藉謀貿易平衡。丁、保障投資安全，鼓勵生產活動。在消極方面：甲、解除阻礙生產發展的外在原因（如捐稅、產業法規、勞資關係等）。乙、解除阻礙經濟發展之內在原因(如缺乏經營方法與人才等)。丙、解除阻滯貨物流通之障礙（如交通、金融、運銷制度等）。丁、解除妨礙生產建設之心理的因素（如愚昧、迷信、保守、缺乏勞動習慣及漠視經濟等等。」（同上）

二、實業計畫的內容要旨

㈠基本原則　國父說：「中國實業之開發，應分兩路進行：㈠個人企業，㈡國家經營是也。凡夫事務之可以委諸個人，或其較國家經營爲適宜者，應任個人爲之，由國家獎勵，而以法律保護之。……至其不能委諸個人及有獨占性質者，應由國家經營之。……於詳議國家經營事業開發計畫之先，有四原則當注意：（一）必選最有利之途，以吸外資；（二）必應國民之所最需要；（三）必期抵抗之至少；（

四）必擇地位之適宜。」（實業計畫第一計畫）此卽實業計畫四個基本原則。

㈡**十項目標**　所謂十項目標，亦卽十項綱領，茲簡述之：

1.交通之開發　建築鐵路十萬英里（卽十六萬公里），公路百萬英里（卽一百六十萬公里），商船一千萬噸。修濬杭州、天津間，西江、揚子江間之現有運河。新開遼河、松花江間及其他運河。整治國內各大河川；揚子江、黃河，築堤、濬水路，以免洪水。導西江、導淮河、導其他河流，增設電報路線、電話及無線電等，使遍佈於全國。

2.商港之開闢　於中國中部、北部、南部，各建一大洋港口，如紐約港者。沿海岸建種種之商業港及漁業港。於通航河流沿岸，建商場船埠。

3.鐵路中心及終點，並商港地，設新式市街，各具公用設備。

4.水力之發展。

5.設冶鐵製鋼，並造士敏土大工廠，以供上列各項之需。

6.礦業之發展。

7.農業之發展。

8.蒙古、新疆之灌溉。

9.於中國北部及中部，建造森林。

10.移民於東三省、蒙古、新疆、青海、西藏。

㈢**六大計畫**　茲將六大計畫的內容，摘述於次：

1.第一計畫　此計畫以北方大港爲中心，開發中國北部富源。計分爲五部：

⑴北方大港　位於渤海灣內，在大沽口秦皇島兩地方之中途，靑河、灤河兩口之間。此港之優點是：不結冰、少淤積、腹地大、建設易。

⑵西北鐵路系統　係由北方大港起，經灤河谷地，以達多倫諾爾，凡三百英里，再由多倫諾爾進展至西北，分爲八線，總計長約七千英里。

⑶蒙古新疆殖民　「以國民需要之原則衡之，則移民實爲今日急需中之至大者。」移民於蒙古、新疆，實爲鐵路之補助，蓋彼此相互依倚以爲發達。

⑷開濬運河以聯絡中國北部中部及北方大港　包括整理黃河及支流，整理大運河，並開鑿新運河，由北方大港直達天津。

⑸開發直隸山西煤礦，設立製鋼鐵工廠。

2.第二計畫　以東方大港爲中心，開發中國中部富源。計分爲五部：

⑴東方大港　位於乍浦岬與澉浦岬之間。其優點有：抵抗少、港水深、交通便、腹地大、資源富。其次爲改良上海港，因爲上海爲遠東第一大商埠，全國第一大都市。

⑵整治揚子江　包括六部分：①由海上深水線至黃埔江合流點，②由黃埔江合流點至江陰，③由江陰至蕪湖，④由蕪湖至東流，⑤由東流至武穴，⑥由武穴至漢口。

⑶建設內河商埠　此部分要建設的商埠計有：①鎭江及北岸，②南京及浦口，③蕪湖，④安慶及南岸，⑤鄱陽湖，⑥武漢。

(4)改良揚子江之現存水路及運河包括：①北運河，②淮河，③江南水路系統，④鄱陽水路系統，⑤漢水，⑥揚子江上游。

(5)創建大士敏土廠　鋼鐵與士敏土，爲現代建築之基，在發展計畫之種種設計，所需鋼鐵與士敏土不可勝計，所以須沿揚子江岸建無數士敏土廠。

3. 第三計畫　以南方大港爲中心，開發中國南部富源。計分五部：

(1)南方大港　「以世界海港論，廣州實居於最利便之地位，既已位于可容航行之三江會流一點，又在海洋航運之起點，所以既爲中國南方內河水運之中軸，又爲海洋交通之樞紐也。如使西南鐵路系統完成，則以運輸便利論，廣州之重要，將與中國北方、東方兩大港相侔矣。」

(2)改良廣州水路系統　包括：①廣州河汊，②西江，③北江，④東江。

(3)建設西南鐵路系統　應由廣州起，向各重要城市礦產地，引鐵路線，成爲扇形之鐵路網，使各與南方大港相連接。此系統以廣州爲起點，合計七千三百英里。

(4)建設沿海商埠及漁港　建四個二等海港：營口、海州、福州、欽州。九個三等港：葫蘆島、黃河港、芝罘、寧波、溫州、厦門、汕頭、電白、海口。十五個漁港：安東港、海洋島、秦皇島、龍口、石島灣、新洋港、呂四港、長塗港、石浦、福寧、湄州港、汕尾、西江口、海安、榆林港。

(5)建立造船廠　爲配合建設的設施與發展,必須建造商船以應需要。造船廠應設於內河及海岸商埠。

4. 第四計畫　本計畫以發展鐵路爲中心。計有：

(1)中央鐵路系統　本鐵路系統將爲中國鐵路系統中最重要者，其效能所及的地區，包括長江以北的中國北部及蒙古、新疆的一部，全線總長約一萬六千六百英里。

⑵東南鐵路系統　本鐵路系統縱橫布列於一不規則三角形上，以東方大港、廣州及重慶爲三角形頂點，全線總長約九千英里。

⑶東北鐵路系統　本鐵路系統包括東北及熱河全部與河北、蒙古各一部，全長約九千英里。

⑷擴張西北鐵路系統　本鐵路系統計分十八線，以期開拓及移民於蒙古、新疆等地區，共長一萬六千英里。

⑸高原鐵路系統　本鐵路系統在高原地區，包括西藏、青海、西康全部，新疆、甘肅、四川、雲南的一部，全長一萬一千英里。

⑹建設機關車客貨車製造廠　實業計畫預定建築鐵路十萬英里，所需機關車與客貨車數量龐大，故有設廠之必要。

5. 第五計畫　本計畫以民生工業爲中心。計分五部：

⑴糧食工業　所當注意解決的問題有：①食物的生產，②食物的貯藏及運輸，③食物的製造及保存，④食物的分配及輸出。

⑵衣服工業　包括：①絲工業，②痲工業，③棉工業，④毛工業，⑤皮工業，⑥製衣機器工業。

⑶居室工業　包括：①建築材料的生產及運輸，②居室的建築，③家具之製造，④家用物之供給。

⑷行動工業　行動工業卽汽車工業，除須設立汽車製造廠外，須造公路一百萬英里。

⑸印刷工業　印刷工業爲人民的精神食糧之所托，社會進化的重要因素，故須發達之。

6. 第六計畫　本計畫以開發礦產爲中心。計分七部：

(1)鐵鑛　除河北、山西的鐵鑛須開採外，其他各地的鐵鑛亦須次第開採。

(2)煤鑛　除供製鐵鍊鋼之用外，開始時應年產二萬萬噸，以供其他用途。

(3)石油鑛　應在新疆、甘肅、陝西等省探測開採，並利用油管輸送至各地。

(4)銅鑛　在雲南、四川一帶開採，以供工業用途。

(5)特種鑛　如錫、金、玉、銻、鎢、汞等均須開採。

(6)製造鑛業機械及各種工具。

(7)於各鑛區設立冶鑛廠，並採用合作制度。

三、實業計畫的精義

先總統　蔣公說：「　國父的實業計畫，論規模，比漢唐的道路水利計畫還要偉大。論條目，比漢唐的經濟律令格式還要細密。論其中的精義，恐怕眞正懂得的人還不多。」(中國經濟學說)因此，他提出五點精義，以貫通實業計畫的全部內容：

㈠大陸與海洋在民生與國防上密切配合　實業計畫最根本的意義，是規定中國的經濟建設，要以廣大的大陸爲基點，以繁榮的海港爲出口。國際貿易要經海港，農礦事業要在大陸。平時通商，要以海港爲門戶，戰時抗敵，要據大陸爲後方。民生與國防的合一，在此一根本意義上最爲顯明，也最扼要。

㈡以交通農礦爲最根本的事業　一般人看見中國要工業化，祇就工業而談工業，殊不知道要中國的工業發達，首先要開發遼濶的內地，改進農林經濟，提高農民生活，爲工業產品的銷場。要開發內地，必須以國家資本，建築全國的鐵路，開濬全國的水道。要中國的工業發達，又要開發農礦。農礦是工業上供給原料的主要源泉。礦業開發了，機器才有原料，農業振興了，工業才有資源。交通與農業都能發達，工業既有銷場，又有原料，則經濟自然可以發達起來。

㈢實業計畫注重人口的平均分配　中國近百年來人口集中東南的趨勢，比宋明以來更變本加厲。實業計畫要把人口由東南移殖於西北和西南，使中國大陸上各地的人口得以平均，尤其充實西北與西南的人口，以爲建國的基地。

㈣實業計畫所要建設的工業，必散在於農礦業之間　依照實業計畫，大陸的內部，既有現代的交通，又有繁榮的農礦，更有平均分配的人口，則中國之工業，爲了接近資源，爲了獲得銷路，爲了適應人口的需要，自然可以在大陸各地各區發達起來。由國防方面來說，散在內地的工業可以開發全國各地潛存的物力。由民生方面來說，都市與農村可以平均調劑，不至於分化而各走極端，不復有近百年來沿海都市生活與西北、西南農村生活，相差一兩世紀的那種偏枯的景象。

㈤實業計畫是要中國海陸平均發展，要中國各地平均發展　從實業計畫中，我們看得出　國父的眼光注射到中國每一個地域，要使其各得其所。自宋明以來，立國規模固然失之萎縮，卽在漢唐兩代，規模總算偉大，仍然有重中原輕四裔的缺點。所以單從實業計畫的規模來說，卽可以使我們起衰立儒了。

(同上)

我們理解上述五點精義後，可發現實業計畫不祇是一部精密的民生經濟建設計畫，而且也是一部偉大的國防建設計畫。所以先總統　蔣公說：「實業計畫一部書其實就是一個偉大的國防計畫。如那裏要開闢河道海港，那裏要構成鐵路網的中心；又應如何開採煤鐵礦產，與辦士敏士廠、鍊鋼廠、機械製造廠、造船廠、造車廠，以及如何發展食衣住行等工業，怎樣移民於西北，怎樣發展農業與水利，都是著眼於國防上的需要，爲國家民族策長治久安之圖。名目上雖說是什麼東方大港、北方大港、南方大港、漁業港，其實都是軍港；所有鐵路中心和終點，其實都是國防戰略上軍隊集中的地點。實業計畫中一切的節目，無不有重大的國防意義。」(國父遺教概要第三講)

參考題

❶ 解釋名詞：實業計畫。(六十年電信特考)
❷ 國父指示實業計畫應遵循的路線如何？(五十七年中學教師檢定考試)
❸ 試說明下列各港建設之位置：⑴北方大港⑵東方大港⑶南方大港。
❹ 國父設東方大港及南方大港與臺灣之關係如何？依建國方略論列之。(三十九年普考)
❺ 俄羅斯向以侵略中國爲事，抗俄之基本政策，宜莫如實行實業計畫，試就第一計畫，築北方大港、建西北鐵路、殖民蒙古新疆，分別述其概要，並闡明與抗俄之關係。(四十年普考)
❻ 試述北方大港之位置及其作用。(四十年高等檢定考試)
❼ 試根據實業計畫之四原則，評述東方大港之重要性。(四十一年高等檢定考試)
❽ 開發實業，應在沿海建設港塢若干？試舉其名。(三十九年普通檢定考試)

❾ 國父的實業計畫是一部偉大的國防計畫，是根據那些重要原則，試詳述之。（四十三年中學教師檢定考試）

❿ 實業計畫的涵義，是民生與國防的合一，試述所見。（四十三年普考）

⓫ 建國方略包括那幾部分？其內容如何？試簡述之。（六十八年普考）（建國方略包括孫文學說、實業計畫、民權初步三部著作）

⓬ 試述國父的實業計畫與國防建設之關係。（五十四年中學教師檢定考試）

第六章　結　論

第一節　三民主義的哲學基礎

一、民生哲學

㈠民生哲學的提出　民生哲學這個名詞是戴季陶先生最先提出的，他在「孫文主義之哲學的基礎」一書中說：「先生的三民主義原理，全部包含在民生主義之內，其全部著作可總名之曰民生哲學。」民生哲學的理論，完全是根據　國父思想，並且戴先生提出民生哲學，曾得到　國父當面的同意。先總統蔣公曾說：「在　總理逝世以前幾個星期，戴季陶先生曾經請問　總理，究竟　總理的革命主義之哲學基礎何在，同時戴先生將他關於這個問題研究的心得，報告　總理，他講完之後，　總理說：『你的意思對了，我的革命哲學就是民生哲學』。就在這一次，　總理將他的革命哲學很扼要的有系統的，交給我們了。隨後戴先生將他自己研究的心得，根據　總理的主義，寫了一本孫文主義之哲學的基礎，並且特別列了一個民生哲學系統表，附加說明，以爲全書的結論。」(總理生平之根本思想與革命人格)

㈡民生哲學是三民主義的哲學基礎　先總統　蔣公著「三民主義之體系及其程序」，並作一體系表以爲說明。蔣公說：「總理在三民主義第一講，開宗明義的就說：『主義是一種思想，一種信仰，和一種力量。』又說：『大凡人類對於一件事情，研究其中的道理，最初發生思想，思想貫通以後，便起信仰，有了信仰，便生出力量。』根據這幾句話，我們要徹底明瞭三民主義，必先尋覓總理思想的出發點；換句話說，是要尋出三民主義的原理或哲學基礎。」什麼是三民主義的原理或哲學基礎呢？蔣公說：「就是這表（三民主義之體系及其實行程序表）上所示的：『民生哲學』。……無論什麼主義，都有一種哲學思想做基礎。三民主義的哲學基礎爲『民生哲學』。」「關於此點，遺教本文中，也有很多次的指示，他說：『民生爲歷史的中心。』又說：『社會問題是歷史的重心，而社會問題又以人類生存問題爲重心，民生問題就是生存問題。』又說：『民生爲社會進化的重心。』又說：『建設之首要在民生。』這比所謂『民生』，依總理的解釋，就是『人民的生活，社會的生存，國民的生計，羣衆的生命。』這比我國通常所說國計民生的『民生』要廣義得多。總理研究社會進化的定律，認定人類求生存的意義和努力，足以推動社會的進化，而中外古今所有革命的事業，唯有依於人類求生存的天性出發，才能解決當前問題，增進人羣幸福，促進世界大同。」（三民主義之體系及其實行程序）

民生哲學既是三民主義的哲學基礎，可見民生哲學實際上就是三民主義的哲學。先總統蔣公說：「我們三民主義的哲學精義，是心物一體，知行一致，我們既不偏於唯物，也不偏於唯心；對於事物的觀察，是精神與物質並重，對於人生的理解，是思維與存在合一。我們最高的理論，以仁愛爲出發點，物我、內外、表裏、精粗，都以仁愛爲本源。」（青年與爲學立業之道）所以民生哲學的精義，簡單說，是心物一體、知行一致，而以仁愛爲本源。

二、宇宙觀

㈠**心物合一論**　宇宙觀的第一個問題，就是要說明宇宙的本體究竟是什麼？關於宇宙的本體，國父是採心物合一的看法。何謂「物」呢？「物」卽是物質。國父說：「曠觀六合之內，一切現象，犛然畢陳，種類至爲繁夥，今先就其近者小者言之，一室之內，一案之上，茶杯也、木頭也、手鏢也，奔赴吾之眼中者，吾皆能僂指其名，以其有質象可求也。」（軍人精神教育）何謂「心」呢？「心」就是精神。國父說：「第知凡非物質者，卽爲精神可矣。」（同上）國父的心物合一論，可從「心物本合爲一說」、「生元有知說」來加以說明：

1. 心物本合爲一說　國父說：「總括宇宙現象，要不外物質與精神二者。精神雖爲物質之對，然實相輔爲用。考從前科學未發達時代，往往以精神與物質爲絕對分離，而不知二者本合爲一。在中國學者，亦恒言有體有用。何謂體？卽物質。何謂用？卽精神。譬如人之一身，五官百骸皆爲體，屬於物質；其能言語動作者卽爲用，由人之精神爲之，二者相輔，不可分離。」（同上）精神與物質本合爲一，是國父對本體思想的精闢見解。先總統蔣公復加引申說：「據我研究的心得，認定精神離了物質，旣無由表現，物質離了精神，亦不能致用。所以精神與物質，爲一體之二面，或者說一物之二象，相因而生，相需而成，所以無論唯心唯物，如果偏執一見，都是錯的。」（反共抗俄基本論）又說：「民生哲學承認精神與物質，均爲本體之一部，旣不是對立的，也不是分離的，物質不能離開精神而存在，精神也不能離開物質而存在，宇宙的本體應是心物合一的，宇宙與人生都必須從心物合一論上，才能得到正確

的理解。」（同上）

2. 生元有知說　國父說：「生元者，何物也？曰：『其爲物也，精矣、微矣、神矣、妙矣，不可思議者矣』！按今日科學家所能窺者，則生元之爲物也，乃有知覺靈明者也，乃有動作思爲（維）者也，乃有主意計畫者也，人身結構之精妙神奇者，生元爲之也；人性之聰明知覺者，生元發之也……孟子所謂『良知良能』者非他，卽生元之知生元之能而已。」又說：「自圭哇里氏發明『生元有知』之理而後，則前時哲學家所不能明者，科學家所不能解者，進化論所不能通者，心理學所不道者，今皆可由此而豁然貫通，另闢一新天地，爲學問之試驗場矣。」（孫文學說第一章）　國父所稱「生元」，卽所謂「細胞」。生元一面造成人體，卽五官百骸，屬於物質；一面發爲「良知良能」之靈明知覺，屬於精神，由此可知生元（細胞）是心物合一的，如就「生元構造宇宙萬物」這句話說，宇宙萬物都是心物合一的。

㈡宇宙進化論　宇宙觀的第二個問題，就是要說明宇宙生成的過程。　國父對宇宙生成的過程，是以進化的概念貫通之。　國父時常拿進化的道理，來觀察宇宙間的萬物，如說：「考察一切動物，……推出進化的道理。……就是社會政治教育倫理等種種哲理，都不能逃出他的範圍之外。」（學生要立志做大事不可做大官）關於　國父的宇宙進化論，可分「宇宙進化的分期」、「宇宙進化的原則」和「宇宙進化的目的」說明之：

1. 宇宙進化的分期　國父認爲「進化之時期有三：其一爲物質進化之時期，其二爲物種進化之時期，其三則爲人類進化之時期。」（孫文學說第四章）

⑴物質進化時期　「元始之時，太極動而生電子，電子凝而成元素，元素合而成物質，物質聚而成

地球，此世界進化之第一時期也。」(同上)

⑵物種進化時期　「由生元之始生而至於成人，則爲第二期之進化。物種由微而顯，由簡而繁，本物競天擇之原則，經幾許優勝劣敗，生存淘汰，新陳代謝，千百萬年，而人類乃成。」(同上)

⑶人類進化時期　「人類初生之時，亦與禽獸無異，再經幾許萬年之進化，而始長成人性，而人類之進化，於是乎起源。」(同上)「世界人類之進化，當分爲三時期：第一由草昧進文明，爲不知而行之時期。第二由文明再進文明，爲行而後知時期。第三自科學發明而後，爲知而後行之時期。」(孫文學說第五章)

2.宇宙進化的原則　人類之進化原則與物種之進化原則不同。「物種以競爭爲原則，人類則以互助爲原則。」(孫文學說第四章)至於物質進化的原則爲何？我們從　國父所說的物質進化時期之「動」、「凝」、「合」、「聚」，可說是以「運動」爲原則。

3.宇宙進化的目的　「物質之進化以成地球爲目的。」(同上)物種之進化則以成人類爲目的。「人類進化之目的爲何？卽孔子所謂『大道之行也，天下爲公。』耶穌所謂『爾旨得成，在地若天。』此人類所希望，化現在之痛苦世界，而爲極樂之天堂者是也。」(同上)

三、人生觀

㈠**服務人生觀**　人生觀或稱人生哲學，以探討人生問題如人生的意義、目的等，爲其研究範圍。國父把人分爲兩種，「一種就是利己，一種就是利人。」「重於利己者，每每出於害人，亦有所不惜。」

「重於利人者，每每至到犧牲自己，亦樂而爲之。」（民權主義第三講） 顯然 國父所提倡的服務人生觀就是一種利他主義的人生觀。

1. 服務是人類對社會的生存法則　國父說：「物競爭存之義，已成舊說。今則人類之進化，非相匡相救，無以自存。」（非學問無以建設） 又說：「社會國家者，互相之體也，道德仁義者，互助之用也。」（孫文學說第四章） 互助表現於事實者，厥爲「服務」，所以 國父說：「人人當以服務爲目的，而不以奪取爲目的。聰明才力愈大者，當盡其能力以服千萬人之務，造千萬人之服。聰明才力略小者，當盡其能力以服十百人之務，造十百人之福。所謂巧者拙之奴，就是這個道理。」（民權主義第三講）

2. 服務人生觀的極致　要服務利他，必要時須有犧牲的精神。犧牲者，就是捨己爲羣，成仁取義之謂。互助有助人之心而兼自助之念；犧牲則完全本乎利人之念，絕無絲毫利己之心。犧牲是推互助之心而更進一步，非具智仁勇如黃花岡七十二烈士者不易做到。黃花岡七十二烈士捨身救國，視死如歸，就是充分發揚了爲人類服務的那種新道德觀念。 國父說：「人生不過百年，百年而後，尚能生存否耶？無論如何，莫不有一死，死既終不可避，則當乘此時機，建設革命事業，若僅貪圖俄頃之富貴，苟且偷活，於世何裨？故死有重於泰山，有輕於鴻毛者，死得其所則重，不得其所則輕。」又說：「吾人生於今日之世界，爲革命世界，可謂生得其時，……故今日之我，其生也，爲革命而生我；其死也，爲革命而死我；死得其所，未有善於此時者。……我死則國生，我生則國死；生死之間，在乎自擇。……以吾人數十年必死之生命，立國家億萬年不死之根基，其價值之重可知。」（軍人精神教育） 國父這段話，對犧牲的義蘊，闡發至爲透徹。我們每一個人要認識生存於人羣社會中的義務，從而善盡義務，發揮最高的互助道德，爲人羣福利而服務，爲革命主義而犧牲。這種由服務到犧牲，就是服務人生觀的極致。

㈡革命人生觀

何謂革命的人生觀？可分下列三點說明之：

1. 革命必先革心　國父說：「要做革命事業，是從什麼地方做起呢？就是從自己方寸之地做起。要把自己從前不好的思想、習慣和性質，像獸性、罪惡性和一切不仁不義的性質，都一概革除。所以諸君要在政治上革命，便先要從自己的心中革起。自己能够在心理上革命，將來在政治上革命，便有希望可以成功。」（革命軍的基礎在高深的學問）先總統　蔣公解釋這個道理說：「總理所講『革命必先革心』，乃是更精透的指出我們革命要從自己的心理，自己的精神革起來。」（革命的心法——誠）又說：「我們要做成一個正正當當的人，必須有高尙的人格，而人格之高下，則完全在乎此心的良否，必有光明磊落的心志，然後有獨立高尙的人格，所以古人極言『誠意』『正心』的重要。荀子謂『心也者，道之主宰也；道也者，治之經理也。』如果我們的心理不能健全的建設起來，使之歸於光明正大奮發向上之途，而聽其苟且因循，越出規範，縱於亡身之欲，那麼不僅人格掃地，害了自己，而且貽害了社會國家。設使一般人心陷溺，頹波莫挽，則社會必擾亂不寧，國家必覆亡無日。古人所謂『人心善惡之幾，與國家治亂之幾相通。』這是必然的事實。」（國父遺教概要第四講）所以說「革命必先革心」。

2. 革命人生觀的內涵　先總統　蔣公說：「我自立志革命以來，就認創造、服務、勞動，爲革命的人生觀，並認爲革命就是力行，因爲革命是效法天行健君子以自強不息。革命就是服務，因爲革命是爲大多數人羣謀利益，和被壓迫民衆打不平。革命就是創造，就是建設，而不是以動亂和破壞爲目的的。我們知道動亂與破壞，乃是革命一時的現象和手段，而其目的，乃在於永恆的建設和不斷的創造與進步，這乃是　總理的人生觀，亦正是我們革命的人生觀。」（反共抗俄基本論）由此可見，革命人生觀的內涵是創造、服務、力行。

3. 革命人生觀的確立　先總統　蔣公說：「吾人爲何而生？既生於現代之時代與世界，對於國家民族與世界人類負有何種之責任？吾人更爲何革命？更應如何努力始能成功革命事業？總之，吾人應立志爲何等人物，始足以上對祖宗父母，下對後代子孫，此卽吾所謂眞正的理想人生，可以導引吾人於最大之成功者也。夫革命人生觀之確立，不外認識其個人對於宇宙所處之地位，與羣己關係之分際而已。」（靑年應確立革命的人生觀）分開來說，要確立革命的人生觀，一方面要明瞭個人對宇宙的關係，就是要瞭解「宇宙萬物都是爲我們而生，待我們而用，所以我們就是宇宙的主宰，我們要征服自然，利用萬物來增益人類的生活。」（同上）另一方面要認識羣己關係的分際，就是要「打破個人生死關頭，却除自私自利之心理」，要認識「其生也，爲國家民族之獨立自由而生、爲全國同胞之生存幸福而生；其死也，亦必爲國家民族之獨立自由，與全國同胞之生存幸福而死。」（同上）總之，「生活的目的，在增進人類全體之生活，生命的意義，在創造宇宙繼起之生命。」這一句話，就是革命人生觀的眞諦。

四、歷史觀

㈠民生史觀的建立　所謂歷史觀，簡單說，就是對於歷史演變和社會進化原理及法則的解釋。三民主義的歷史觀，就是民生史觀，就是以民生去解釋歷史，亦卽以民生去說明歷史進化的因果關係。先總統　蔣公說：「　總理說：『民生爲社會進化的重心，社會進化又爲歷史的重心，歸結到歷史的重心是民生，不是物質。』這是民生史觀建立的基礎。」（反共抗俄基本論第五章）又說：「中外哲學史中，有兩個最重要最有力的學派：其一是唯心史觀，其二是唯物史觀。持唯心史觀的以爲歷史爲人類有意識的一種精神創造，一部歷史，就是精神活動史。持唯物史觀的意見恰好相反，以爲一部歷史的變遷演進，完全依經濟的生產方式而轉移，某一時代的經濟變更，或生產方式變更，歷史亦隨之而變，人類的活動，完全受經濟的支配。這兩種學說，都可說是一偏之見，不能夠概括人類全部歷史的眞實意義，因爲人類全部歷史卽是人類爲生存而活動的記載，不僅是物質，也不僅是精神。所以惟有以民生哲學爲基礎的民生史觀，或以民生史觀爲出發點的民生哲學，不偏於精神，亦不偏於物質，惟有精神與物質並存，才能說明人生的全部與歷史的眞實意義。」（三民主義之體系及其實行程序）

㈡民生史觀的要旨　扼要言之有四點卽：民生是歷史進化的動力，保養是歷史進化的條件，互助是歷史進化的法則，大同是歷史進化的目標。

1. 民生是歷史進化的動力　國父說：「古今一切人類之所以要努力，就是因爲要求生存，人類因爲要有不間斷的生存，所以社會才有不停止的進化。所以社會進化的定律，是人類求生存，人類求生存，才是社會進化的原因。」（民生主義第一講）又說：「近來美國有一位馬克思的信徒威廉氏，深究馬克思的主義，見得自己同門互相紛爭，一定是馬克思學說還有不充分的地方，所以他便發表意見，說馬克思以物質爲歷史的重心是不對的，社會問題才是歷史的重心，而社會問題中又以生存爲重心，那才是合理。民生問題就是生存問題，這位美國學者最近發明，適與吾黨主義若合符節，這種發明，就是民生爲社會進化的重心，社會進化又爲歷史進化的重心，歸結到歷史的重心是民生不是物質。」（同上）又說：「這位美國學者所發明的人類求生存，才是社會進化的定律，才是歷史的重心。人類求生存是什麼問題呢？就是民生問題。所以民生問題才可說是社會進化的原動力。」（同上）先總統　蔣公說：「　總理的民生史觀就是認定『人類求生存』爲社會進化的根源，換句話說就是民生爲歷史的中心。」（三民主義之體系及其實行程序）所以說「民生」爲歷史進化的動力。

2. 保養是歷史進化的條件　國父說：「人類要能够生存，就須有兩件最大的事：第一件是保，第二件是養。保養兩件大事，是人類天天要做的。保就是自衞，無論是個人或團體或國家，要有自衞的能力，才能够生存。養就是覓食。這自衞和覓食，便是人類維持生存的兩件大事。」（民權主義第一講）我們知道：保是自衞，自衞靠組織，是一種政治的活動；養是覓食，覓食是生活物質的營求，是一種經濟活動。人類要維持其生存，保（政治）和養（經濟）二者缺一不可，所以先總統　蔣公說：「關於人類生存的條件，　總理亦曾有明白的指示。　總理說：『人類要能够生存，就須有兩件最大的事：第一件是保，第二件是養。』保是政治，養是經濟，都是歷史的條件。」（反共抗俄基本論）又說：「我們因此可以肯定歷史的動力是一元的，歷史的條件是多元的，動力與條件是相互作用而又相互推進的。」（同上）

3. 互助是歷史進化的法則　人類進化所遵的法則是互助而不是鬪爭。在人類社會中，互助是常，鬪爭是變。人類愈進步，互助的需要愈多。　國父說：「人類初出之時，亦與禽獸無異，再經幾許萬年之進化，而始長成人性，而人類之進化，於是乎起源。此期之進化原則，則與物種之進化原則不同，物種以競爭爲原則，人類則以互助爲原則。社會國家者，互助之體也，道德仁義者，互助之用也，人類順此原則則昌，不順此原則則亡。」（孫文學說第四章）又說：「社會之所以有進化，是由於社會上大多數的經濟利益相調和，不是由於社會上大多數的經濟利益相衝突。社會上大多數的經濟利益相調和，就是爲大多數謀利益，大多數有利益，社會才有進步。社會上的大多數的經濟利益之所以要調和的原因，就是因爲要解決人類的生存問題。」（民生主義第一講）人類基於求生存的原因，本乎互助的法則，社會才有不停止的進化。

4. **大同是歷史進化的目標**　人類本乎互助的法則，將進化到何境界？　國父認爲：「人類自入文明之後，則天性所趨，已莫之爲而爲，莫之致而致，向於互助之原則，以求達人類進化的目的矣。人類之進化目的爲何？卽孔子所謂『大道之行也，天下爲公。』耶穌所謂『爾旨得成，在地若天』。此人類所希望，化現在之痛苦世界，而爲極樂之天堂者是也。」（孫文學說第四章）　國父在此所謂「人類進化的目的」，亦卽歷史進化的目標，「大同」就是人類最後的歸宿，所以先總統　蔣公說：「歷史的進化從原始羣進到部落，再進至民族國家，最後進至大同，那都無非是民生進化的階段。民生的進化，正是歷史的必然。」（反共抗俄基本論）

參考題

❶ 解釋名詞

⑴ 民生哲學（六十年電信特考、六十三年電信特考、六十七年丙等關稅特考）

⑵ 民生史觀（六十六年丙等基層特考、六十七年丙等鐵路特考、六十七年丙等基層特考、六十七年電信特考、七十年丙等國防特考）

(3) 唯物史觀（六十九年基層特考）

❷ 國父認爲「人類進化是以互助爲原則」，試述其要義。（六十六年丙等國防特考）

❸ 試論革命者對人生應有的態度。（七十一年普考）

❹ 要做革命事業，是從什麼地方做起呢？試根據　國父遺教及先總統　蔣公遺訓解答之。（六十七年普考）

❺ 試論革命者對人生應有的態度。（七十一年普考）

❻ 何謂民生史觀？（六十八年普考）

❼ 何以說歷史的重心是民生不是物質？試就民生主義中　國父見解答之。（六十五年普考）

❽ 試依　國父見解扼要說明服務的人生觀。（七十二年電信特考）

第二節　三民主義統一中國

一、以三民主義統一中國的理由

㈠ **共產主義的破敗**　世界上所有實行共產主義的國家或地區，沒有一個是在政治上自由民主，社會上安和樂利，經濟上富裕繁榮的，易言之，沒有一個能够在這三方面比得上民主自由的國家或地區。因之足證共產主義必被民主自由所摧毀。尤其是從世界反共情勢來看，美國自從雷根就任總統以來，以其一貫的反共立場和決心，多次在不同的場合抨擊共產主義，坦率告訴世人，共產主義終必敗亡。如他說：「共產主義終將敗亡，將只被人們記得它在人類歷史上悲傷與怪異的一章中所扮演的角色。」「共產主義正開始走向滅亡，共產主義是一種偏差，不是人類正常的生活方式。」「柏林圍牆的存在承認了共產主義的失敗，也是共產主義失敗的鐵證。」他並且建議發動全球性的民主運動，強調「維護自由與和平」，「將馬列主義棄置於歷史的灰燼堆上。」所以只要自由世界避免再犯姑息妥協的錯誤政策，我們深信共產主義終必埋葬於以三民主義爲主流的歷史浪潮中。

㈡三民主義優於共產主義　國父早在民國十二年爲中俄關係「與越飛聯合宣言」中說：「共產組織，甚至蘇維埃制度，事實上均不能引用於中國。」三十多年來在臺海兩岸實踐與檢驗的結果，已經證明這一句話的正確性。「這些年來，我們在臺、澎、金、馬實行三民主義所累積的眞實成果，不但爲舉世所有目共睹，就連中共領導階層也不得不公開承認『在經濟上趕不上臺灣』，並且悄悄地採行中華民國推動建設的成功經驗，仿照我們加工出口區辦法，設置所謂『經濟特別區』，並引進外資來幫助他們拓展外銷；重新調整經濟建設的順序，把農業列爲最優先；最近又試圖調整經濟結構，在維持『全民所有制』與『集體所有制』的同時，有限度的承認城鄉勞動者的『個體經濟』。這種種跡象顯示，一向執著於馬列教條的中共政權，在經歷了一連串挫折之後，已不得不向現實低頭，也不得不作轉向的打算。」（民國七十一年六月十日行政院長孫運璿的談話）這也充分說明了中共已承認了三民主義的優越性。

㈢三民主義的歷史任務　「三民主義淵源於中國歷史文化，擷取西方近代思潮之精華，主張民族主義本諸倫理，求國家的自由平等，反對侵略擴張；民權主義本諸民主，求政治的自由平等，反對極權專政；民生主義本諸科學，求經濟的自由平等，反對集體控制。三民主義博大精深，解決人類三大問題，畢其功於一役。中共師承馬列邪說，出賣民族，摧殘文化，成爲近六十年來中國一切禍亂的根源，雖屢次誓言服膺三民主義，但事實上卻背叛三民主義；表面上標榜國家統一，實際上卻破壞國家統一。觀夫中共於北伐、抗戰前後所作之聲明，其言行相悖，可爲佐證。自其竊據大陸以來，更積三十餘年來的罪惡，造成政治腐敗、經濟衰退、文化落後、社會混亂；倡言『四化』而貧困日甚，叫囂『安定』而內鬪不已。由此證明共產主義完全破產，共產制度徹底失敗。」（中國國民黨十二全大會通過的「貫徹以三民主義統一中國案」）因此，以三民主義統一中國，便成爲當前海內外全體中國人共同的心聲，也只有實現三民主義才能眞正建立爲民所有，爲民所治，爲民所享的新中國。

二、三民主義的實踐經驗

政府三十多年來，在復興基地實行三民主義建設的經驗與成果，「不但鼓舞了大陸同胞奮鬪的希望與勇氣，也給所有中國人有了選擇的啟示。」茲將三民主義的實踐經驗，簡述於次：

㈠**政治建設方面**　「基於中華民國憲法，人民有權，政府有能。地方實行自治，公職人員由公民選舉，國家政策由民意決定，國民享有憲法保障的一切權利與自由，法律之前，人人平等。」（中國國民黨十二全大會通過的「貫徹以三民主義統一中國案」）

㈡**經濟社會建設方面**　「基於均富理想，實行耕者有其田，保障人民私有財產，發展公營事業，獎助民營企業，提高工、農生產，推行社會福利，以是人民充分享有食、衣、住、行、育、樂之幸福生活。每人國際貿易額爲大陸同胞的七十倍，國民所得爲大陸同胞的九倍；且分配平均，貧富差距縮小，均富社會的理想得以具體實現。」（同上）

㈢**文化建設方面**　「基於民族文化傳統，復興中華文化，實施教育普及，機會均等，使知識與學術水準不斷提高，人才輩出。學者專家、工程科技及企業管理人員皆能自由發展，貢獻其才智於國家建設。近年來在自然科學與人文、社會科學各方面均有創新發明；在文學、藝術、音樂、影劇、舞蹈等方面之創作，亦皆推陳出新；而敦親睦鄰，互助合作的善良風俗，更爲和諧社會展現一片生動活潑、安和樂利的景象。」（同上）

三、三民主義統一中國的貫徹

蔣總統經國先生說：「爲了保全我們國家民族的萬代生機，反共復國的基本國策決不改變。爲了維護我們立國的根本，中華民國憲法所定的國體決不改變。爲求中國的長治久安，確保所有中國人的自由幸福，也是爲了世界的永久和平，貫徹以三民主義統一中國的目標決不改變。」（堅苦卓絕繼往開來）惟有我們堅持國家的目標和基本立場，並且充分認識：「建設臺灣與統一中國是不可分的。惟有建設臺灣，才能實現以三民主義統一中國；也惟有以三民主義統一中國，才能使臺灣永遠保持安定與進步。」（中國國民黨十二全大會宣言）因此我們必須從復興基地和中國大陸兩方面著手努力，才能完成以三民主義統一中國的大業。

㈠**復興基地努力的方向**　復興基地的建設經驗和成果，雖然已經證驗三民主義的優越性，但我們不能因此自滿，尚須以更大更多的努力，不斷的發展各項建設，使之成爲三民主義的完美範型，以爲重建大陸之藍圖。

1. 政治建設方面的努力　政治建設方面，今後必須就下列四項努力：

「(1)增強民族精神與民主法治教育的有效設施，普徧闡釋民主自由的眞諦，培養國民守法的習慣，積極宣揚民權主義的優越性，提升政治素養和水準，使民主的推動與法治的實踐，獲得公平、正常、健全、合理的運作。

(2)徹底粉碎共匪的統戰陰謀，有效遏止臺獨的思想逆流，擊破其揑造自由民主的假象；淸除危害團結和諧的謬誤言行；消除暴戾放誕和苟安自私的腐蝕心態；體現一個有紀律、有秩序的自由民主社會。

(3)弘揚憲政體制，健全地方自治，溝通各方意見，擴大基層建設，加強爲民服務，照顧全民利益，鞏固國家安全，維護社會安寧，辦好各種選舉，提高行政效率，進行政治防腐，爲當前政治建設的重點；並通過政府與民衆密切合作的努力，擴大政治、經濟、文化、國防與科技的全面建設，顯示大有爲國民政治的新境界。

(4)確認政治建設的目的，在於鞏固國家力量，提高國家地位，保障人民權益，增進人民福利。」

（中國國民黨十二全大會通過的「復興中華文化、貫徹民主法治、促進政治建設案」）

2. 社會經濟建設方面的努力　「現階段民生主義社會經濟建設，應強化計畫性自由經濟體制，加強公民營企業配合，以因應各種內外在變化，提高物質與精神生活的量與質，以增進復興基地國民福祉，並作爲對大陸同胞的有力號召；從規畫與建設中累積寶貴經驗，作爲光復大陸後建設新中國的藍圖。其目標在於適度的物價穩定，持續的經濟成長，調和的產業發展，充分的就業機會，合理的所得分配，平衡的區域建設，和諧的社會生活。使整個社會在定中求成長，在成長中求均富，在均富中求和諧；經穩

濟發展與社會建設，齊頭並進，以增益全民福祉。」（中國國民黨十二全大會通過的「貫徹復興基地民生主義社會經濟建設案）

3. 文化建設方面的努力　文化建設方面必須就下列二點努力：

「⑴堅持國家目標和基本立場，發揮誠摯純潔的革命精神，在復興中華文化中整合中西文化，培養團結奮發的民族意識和獨立自強的國家觀念，樹立大是大非的志節和同仇敵愾的決心；進一步拓展華僑社會和所在國家的關係，擴大中華文化對世界人類的影響。

⑵在促進科技與經濟的迅速發展中，尤應重視將優良的文化傳統融注於全民生活與行爲之中，以提高精神生活水準，樹立現代社會道德規範，使國人共享物質文明與精神文明平衡發展的成果。」（中國國民黨十二全大會通過的「復興中華文化、貫徹民主法治、促進政治建設案」）

㈡**對中國大陸的號召與行動**　除了在復興基地致力於上述各項外，並應「對中國大陸積極策進下列之號召與行動」：

「⑴奉行三民主義，建設自由、民主、均富的新中國。

⑵實行民主憲政，恢復人民依中華民國憲法所應享有的權利與自由。

⑶復興中華文化，恢復倫理道德，維護家庭制度，建立和諧社會。

⑷廢除已爲人民唾棄而中共仍繼續堅持的『社會主義道路』、『人民民主專政』、『共產黨的領導』、『馬列主義、毛澤東思想』等『四項基本原則』，徹底淸除共產主義流毒。

⑸廢除顚覆鄰邦，赤化世界的陰謀與行動，以仁愛代仇恨，以互助代鬥爭，以自由代極權，以民

主代專政。

⑹廢除『人民公社』，實施耕者有其田，厲行平均地權，節制資本，保障人民私有財產，使生產成果爲生產者所享有。

⑺廢除一切壓榨勞工的暴政，維護勞工權益，提高勞工待遇，改善勞工生活。建立現代化生產體系，提高生產力，加速經濟發展；及建立以滿足人民基本生活需要爲優先的生產次序。增加國民所得，徹底改善貧窮落後之現狀。

⑻廢除一切壟斷經濟的控制與配給制度。恢復自由市場，發揮自由企業精神，實施有計畫的自由經濟制度，保障人民經營農、工、商業及選擇職業之自由。

⑼廢除下放勞動及以政治成分爲升學條件的一切暴政。保障青年升學、就業、婚姻之自由。尊重知識分子人格尊嚴及學術研究之自由，並獎助創造發明。

⑽推行社會福利措施，取消特權利益，達成均富目標。

⑾依據『實業計畫』的精神與方針，以及三民主義在復興基地實踐經驗，與國際資本技術合作，共同開發，建設三民主義新中國，促進世界人類福祉。」（中國國民黨十二全大會通過的「貫徹以三民主義統一中國案」）

參考題

❶ 試從現代世界潮流及我國反共前途，說明三民主義統一中國之必然性。（七十年普考）

❷試扼要說明政府在臺灣實行三民主義的成就。（五十八年丙等特考）

❸政府遷臺以來，即銳意建設臺灣為三民主義的模範省，其年來之成就如何？試依民族、民權、民生之次序暢言之。（六十九年丙等退除役特考）

❹三十多年來，政府在政治、經濟、社會及文化建設之成果如何？建設復興基地與三民主義統一中國何以有不可分性？試扼要述之。（七十二年大學夜間部聯招）

❺試闡述三十多年來我復興基地在三民主義政治建設方面的成就。（七十二年普考）

❻為配合以三民主義統一中國，我們在政治建設方面，需要有那些努力？試加分別析論之。（七十二年二專日間部聯招）

❼試申論成立「三民主義統一中國大同盟」的主旨。（七十二年普考）

❽試根據三民主義時代意義，說明統一中國的必然性。（七十三年普考）

第三節　三民主義與世界前途

一、三民主義與世界潮流

㈠**三民主義是世界思潮的主流**　國父說：「予維歐美之進化，凡以三大主義：曰民族、曰民權、曰民生。羅馬之亡，民族主義興，而歐洲各國以獨立。洎自帝其國，威行專制，在下者不堪其苦，則民權主義起。十八世紀之末，十九世紀之初，專制仆而立憲政體殖焉。世界開化，人智益蒸、物質發舒，百年銳於千載。經濟問題繼政治問題之後，則民生主義躍躍然動。二十世紀不得不為民生主義之擅場時代也。是三大主義，皆基本於民，遞嬗變易，而歐美之人種胥治化焉。其他施於小己大羣之間，而成爲故說者，皆此三者之充滿發揮而旁及者耳。」（民報發刊詞）這正充分說明了民族主義、民權主義和民生主義是近代的世界潮流，而　國父的三民主義，就是由民族主義、民權主義和民生主義三個主義所構成的，所以三民主義是今天世界思潮的主流，乃是自明之理。不過我們必須了解三民主義的民族主義，不同於西方一般的民族主義，因爲西方一般的民族主義，是從民族優越感出發，結果每易走上殖民主義或帝國主義的道路，反而爲侵略者張目；而三民主義的民族主義，以民族平等爲原則，主張「濟弱扶傾」，要用「和平道德」去建立國際平等的大同世界。三民主義的民權主義不同於西方一般的民主主義，因爲西方一般的民主主義，雖然反對君主與貴族，但並不反對地主與資本家，結果民主主義與資本家連成一氣，所謂民主，也就變成資本階級的民主，並未爲全體人民帶來眞正的平等與自由；而三民主義的民權主義，則是以政治平等爲基礎，主張權能區分和全民政治，不但使人民不分種族、階級、性別、宗教信仰、知識程度等，都有四種直接民權，而且使政府成爲萬能政府，這可說是民主政治最高和最進步的形態。三民主義的民生主義，不同於一般所謂的社會主義或共產主義，因爲他們都是以否定私有財產制度實現公有財產制度爲目的，而民生主義則是允許私有財產的合理存在，民生主義用以解決民生問題的辦法，都是　國父根據事實定方法而獲得的結論，這是合乎科學精神和時代要求的。而且三民主義中的民族、民權、民生三個主義，雖然各有其特質，但是三個主義是相互輔益，相需相成，有其不可分的整體性，而構成一個三民主義。所以說三民主義是今日世界思潮的主流。

㈡二十世紀是三民主義的世紀　時至今日，三民主義的優越性更爲顯現。因爲二十世紀困擾人類的三大問題，即(1)民族問題——民族主義與國際主義的對立；(2)政治問題——民主主義與極權主義對立；(3)社會經濟問題——資本主義與共產主義對立，以致戰火連綿，遍及世界各地。人類從一九〇〇年以來的痛苦經驗中，謀求解決此三大問題之道，已逐步趨向三民主義。

就解決民族問題說，由於西方民族主義往往演變成爲帝國主義，來壓迫弱小民族；由於共產黨利用「民族解放」口號，來推行其「無產階級國際主義」的陰謀，在亞、非、拉丁美洲等新興國家，進行滲透、顚覆、妄圖赤化整個世界。復由於西方民主國家想利用國際組織來解決民族問題，但效果不大。第一次世界大戰後的「國際聯盟」，後來變成帝國主義的工具，不發生維持和平的作用。第二次世界大戰後的「聯合國」，到了今天成爲共產黨叫囂鬪爭的舞臺以及冷戰的場所。要想它來制止共產政權的侵略擴張，無異緣木求魚。今日的民族問題，所以錯綜複雜而難以解決，主要的癥結，就是來自共產主義。所以解決民族問題必須反共。三民主義的民族主義以民族獨立爲起點，民族平等爲原則，以王道文化爲基礎，以世界大同爲理想，它反對所有帝國主義的侵略和共產黨的滲透、顚覆、赤化行爲。所以三民主義的民族主義是反共的利器。

就解決政治問題說，第二次世界大戰後，德、義的極權主義，雖然已成歷史的陳跡，但共產極權主義卻乘機擴張，爲禍人類。現在世人已普遍覺醒，知道民主自由的可貴，體認了民有、民治、民享的意義，鐵幕內人民爭取民主自由的怒潮，日益澎湃，共產極權主義的滅絕，爲期不遠。過去的事實證明，西方的代議政治拖沓遲緩，不能有效應付變局。　國父曾以人民有權、政府有能爲目標，指出自由平等的眞諦，創立權能區分的原理，主張直接民權，採行專家政治，建立萬能政府，從而構成三民主義的民權主義。今後要永絕極權主義滋萌的機會，解決政治問題，實捨此莫由。

就解決社會經濟問題說，本世紀初，一般淺見之士，爲解決十九世紀資本主義流弊所造成的社會經濟問題，多寄望於社會主義及共產主義，乃至助長共產黨的蔓延，招致人類空前的浩刼。共產主義完全否定人性，推翻人類自有文明以來的經濟制度，完全違背經濟成長的原理。國父的民生主義以保障生活安全，提高生活水準，維護生活自由爲目的，承認私有財產而加以節制，發達國家資本以廣闢財源，從而建設均富、安和、樂利的社會。這些年來的事實證明，共產制度逐步破產，社會安全的措施逐步健全，充分顯示解決社會經濟問題，已逐漸走上民生主義的道路。

事實證明解決人類的三大問題，除三民主義外，其他任何主義都不可能得到一個全部的、圓滿的、合理的解決。三民主義的理想與方法，已漸爲世界各國所遵循，各國的政治家已在莫之爲而爲，莫之致而致的自然進化中，遵循三民主義所示的途徑，來解決人類的問題。所以先總統　蔣公說：「總理曾經說過『二十世紀不得不爲民生主義擅場之時代』。……不論國際政治潮流如何在衝擊，人權理念如何被戕賊，科學文明如何受濫用，在在都只有更加證明二十世紀乃是三民主義的世紀。尤其是在自由世界與共產集團鬭爭中，……惟有三民主義，才能提供徹底有效解決方策，也惟有三民主義才能撥亂反之正，以重建人類福祉的社會！所以二十世紀不得不爲三民主義擅場的世紀。」（復國建國的方向和實踐）

㈢**未來世界是三民主義的世界**　二十世紀既然是三民主義的世紀，則未來的世界必然是三民主義的世界。就民族方面來說，二十世紀以來，雖然經歷了兩次世界大戰，但每一次大戰之後，反而有許多弱小民族獨立起來，這就是說，國家的獨立與民族的平等，乃是二十世紀各民族一致的要求，非任何力量所能阻遏。不過我們今日面對蘇俄赤化世界的野心，各民主自由國家應放棄傳統的殖民政策及種族與文化的優越感，善意的協助各落後國家開發經濟資源，使其文化獲得自主的提高與適應。我們須知，貧窮與愚昧，都是共產主義和極權主義的溫床，將來共產鐵幕打破後，被奴役統治的各民族，自應分別使其成爲獨立國家，並予政治、經濟、文化的平等，世界持久和平才有實現的可能。其次就民權方面來說，極權主義的獨裁者，爲了維護其權力，往往不惜採用任何卑劣殘酷的手段，來禁止人民的自由權利，過去德義等極權主義者如此，今天共產極權主義者亦是如此。因此必待共產極權主義消滅後，使鐵幕內被奴役人民完全獲得解放，並使全世界各民主自由國家，都實行權能區分的民權主義，然後未來世界的全體人民才有眞正的政治自由。再次就民生方面來說，今日全世界絕大多數落後國家所遭遇的經濟難題，並不是分配不均，而是生產不足，所以今後經濟落後國家，惟有服膺民生主義生產與分配並重的原則，一方面運用工業先進國家的資本技術，以全力開發其資源，並提高其生產力，迅速完成工業化，以解決生產不足的普遍貧窮問題，並繁榮經濟；一方面要在工業化的過程中，採取平均社會財富的措施，以防患於未然而達經濟平等的目的。而且將來一旦消滅了國際戰爭的危機，將原子能用於發展生產上，則生產必然空前發展，生活資料必然充斥，人類的生活問題必然獲得完滿解決，自由安全幸福和平的大同世界，也才能實現。所以蔣總統經國先生說：「綜觀近代思想主流，惟有三民主義博大精深，天下爲公，既不偏左，亦不偏右，眞正爲人類指出了一個新的方向，進世界於和平大同。也惟有三民主義，才能掌握『歷史之舵』，撥亂反正，無任何力量可與對抗。所以不但今天可以看出二十世紀乃是三民主義的世紀，今後的世界，也必將是三民主義的世界。」（堅苦卓絕繼往開來）

二、三民主義大同世界理想的實現

㈠**未來大同世界的理想藍圖**　國父說：「三民主義，吾黨所宗，以建民國，以進大同。」這正是說明「建民國」是三民主義的直接目的，而「進大同」是三民主義的最後理想。而「禮運大同篇」一百零七字的內容爲世界大同的理想藍圖畫了一個簡單的輪廓，其原文如下：

「大道之行也，天下爲公。選賢與能，講信修睦。故人不獨親其親，不獨子其子。使老有所終，壯有所用，幼有所長，矜寡孤獨廢疾者皆有所養。男有分，女有歸。貨惡其棄於地也，不必藏於己；力惡其不出於身也，不必爲己。是故謀閉而不興，盜竊亂賊而不作，故外戶而不閉。是謂大同。」

大同是我國自古以來所公認的最高的政治理想，而其特徵爲「天下爲公」。惟　國父所理想的大同世界，其境界已不是「禮運大同篇」中的一百零七字的內容所能說明。　國父理想中的未來大同世界，至少包括以下幾個要點：

1. 未來大同世界不祇是中國境內的大同，而是全世界的大同。
2. 未來大同世界是全世界各民族一律平等的世界。
3. 未來大同世界是人人有政治自由權利的世界。
4. 未來大同世界是人人有經濟平等權利的世界。
5. 未來大同世界是人人互助合作，各得其所各遂其生的和平幸福的世界。

㈡**實現世界大同的途徑**　未來的大同世界不僅是中國人的理想社會，也是全人類美麗的遠景。但是這種遠景的實現，必須三民主義的思想實行於中國，宏揚於世界。因爲如果全世界各國，都能實行三民主義，則在國際間自然講信修睦，主張消弭戰爭，維持和平，促進合作，維護正義，使各民族都立於平等的地位；在國內自然都能實行民權主義和民生主義的措施，必達到政治自由，經濟平等，和社會安全的境界，眞正達到「均無貧、和無寡、安無傾」的大同理想。所以三民主義是走向大同世界的宏軌，「以建民國，以進大同」則是必經的歷程。惟我國半世紀來的內憂外患，在「建民國」的工作上，迭受挫折，以致在「進大同」的理想上，遙遙無期。要達到世界大同的理想，必先使中國達到長治久安之境。我們須知「實踐三民主義，是革命的一貫目的」，其實踐三民主義的全程，計分三個階段，定有三項目標：

1. 近程目標　擴建三民主義模範省的建設，隨軍事進展，推行以三民主義爲中心的戰地政務；徹底摧毀匪僞組織，徹底消滅共匪餘毒，徹底實現三民主義；從頭做起，重新建設，奠立人民現代生活的基礎，預防共匪死灰復燃的禍因。

2. 中程目標　實行三民主義於全國，達成民族獨立、民權平等、民生康樂的境域；儲備科學人才，提高教育質量，作育現代國民，建立現代社會，使中國躋於有進無退，一治而不復亂的境界。

3. 遠程目標　弘揚三民主義於世界，實現禮運大同篇的政治境界；保障全人類永久的自由、和平、福祉。（先總統　蔣公：我們復國的精神志節和建國的目標方略）

以上三個目標的實施，是由近而遠，循序推進的。即先建設臺、澎、金、馬爲三民主義的模範地區；進而光復大陸，消滅共匪，建設三民主義的新中國；然後以三民主義的新中國爲基礎，促進世界大同。國父曾說：「民族無平等之結合，民權無確立之制度，民生無均衡之組織，故革命戰爭循環不已，盛衰起伏，視爲固然，而末由覩長治久安之效。」（中國國民黨宣言）我們應該再三惕勵，戮力完成三民主義新中國的建設，以實現世界大同的理想。

參考題

❶ 三民主義何以是現代世界潮流之主流？試申述之。（六十五年丙等基層特考、七十年丙等國防特考）

❷ 先總統　蔣公曾說：「二十世紀是三民主義的世紀。」試申其義。（六十三年電信特考、六十七年丙等關稅特考）

❸ 由　國父「二十世紀不得不爲民生主義之擅場時代」，引申爲先總統　蔣公「二十世紀不得不爲三民主義之擅場世紀。」試就此意，論當前世界民族、政治與經濟的必然趨勢。（六十八年普考）

❹ 先總統　蔣公說：「二十世紀不得不爲三民主義之擅場世紀。」試就當前解決民族、民權、民生三大問題的潮流趨向，予以闡明。（六十九年普考）

❺ 三民主義的最高目標與理想何在？（五十九年丁等退除役特考）

❻ 實踐三民主義是革命的一貫目的。其實踐全程，分爲那幾個階段？目標爲何？試分別舉述以對。（六十九年普考）

國父思想

周世輔、周陽山／著

周世輔教授的「國父思想」出版以來，風行海內，歷久不衰，除為相關考試所必備外，亦為教學研究所必需。本書的特色有三：一、遵照教育部規定編著而最早出版的國父思想用書。二、述及國父思想淵源及演進時，強調哲學層面。三、對中西學說與國父思想之比較，亦較他書為多。現因教育部課程大綱變更，本書乃由周教授的哲嗣，周陽山教授修訂，增添憲政改革等內容，期能保留原書精髓，並收踵事增華之效。

三民主義

孫　文／著

三民主義是孫文所提出的政治綱領，也是《中華民國憲法》第一條內容。本書包含民族主義、民權主義、民生主義（含民生主義育樂兩篇補述），詳讀本書，可對三民主義及我國立國精神有全盤的瞭解。

三民主義要論

周世輔／編著

三民主義乃是國父孫中山先生所提出的政治綱領，包含民族主義、民權主義與民生主義，本書除對上述三個主義作精闢的探討與分析外，更將三民主義與各種建設成就及文化復興作連結，詳述三民主義的內涵，詳讀本書，可對國父提出的三民主義精神有全盤的瞭解。

憲法釋論

吳信華／著

本書不僅對《中華民國憲法》的條文及相關憲法理論為全面性的闡釋，更著重於憲法體系思維與法學論證的建構，即藉由各該單元的基礎說明與案例解析，而在基本憲法條文概念的闡述或國外理論與制度的比較外，更呈現了一個進階對憲法深入論證思考的視野，當有助於對憲法正確的理解與認知。

中華民國憲法概要

陳志華／著

中華民國憲法於民國三十六年制定、公布並施行，全十四章一百七十五條。修憲後，國民大會停止運作；司法體系大幅更新；考試院職權重行調整；監察院不再是民意機構；地方制度「省」改為非自治團體，憲政改革幅度巨大。加上，總統改由公民直接選舉；將內閣制政府要義「倒閣」與「解散」入憲；立法院提憲法修正案交公民投票複決等，都對我國憲政發展產生深遠的影響。

中華民國憲法：憲政體制的原理與實際

蘇子喬／著

本書介紹了民主國家的憲政體制類型，對我國憲政體制的變遷過程與實際運作進行微觀與巨觀分析，並從全球視野與比較觀點探討憲政體制與選舉制度的合宜制度配套。一方面兼顧了憲政體制的實證與法理分析，另一方面也兼顧了學術深度與通識理解、本土性與全球性分析，非常適合政治學與憲法學相關領域的教師與學生閱讀，也適合對憲政體制與臺灣民主政治發展有興趣的一般讀者閱讀。

政治學

呂亞力／著

本書內容頗為周遍，全書三十三章大體說來涵蓋四部分。第一部分是政治學學科的介紹；第二部分旨在剖析政府及相關事宜，本書在此部分的敘述，基本上遵循傳統的政治學，但也增添一些行為學者的研究而與坊間其他同類型著作有所不同；第三部分為純粹行為政治學的素材；第四部分介紹一些國際關係的知識，主要是針對無法修習國際關係課程的讀者之需要。而意識型態與地方政府兩方面的常識，為政治學入門者所不可缺乏，故特使其自成單元，一併列入。

政治學概論

劉書彬／著

本書試圖將政治學的理論基礎與概念，以深入淺出的方法講解，並使讀者可以落實到日常生活的範圍中。例如卡奴的成因、國內政黨與兩岸國際地位的競逐問題等，皆有所說明。儘管當前政治學探討的架構範圍頗大，但所採用的實例則多數與我國遭遇的國內外情勢相關，期盼能藉由本書的出版，引發讀者對政治學的興趣，進而藉由本書的閱讀建立起基本的民主法治觀念，裨益我國民主政治的發展。

政治社會學：政治學的宏觀視野

王晧昱／著

本書介紹了民主國家的憲政體制類型，對我國憲政體制的變遷過程與實際運作進行微觀與巨觀分析，並從全球視野與比較觀點探討憲政體制與選舉制度的合宜制度配套。一方面兼顧了憲政體制的實證與法理分析，另一方面也兼顧了學術深度與通識理解、本土性與全球性分析，非常適合政治學與憲法學相關領域的教師與學生閱讀，也適合對憲政體制與臺灣民主政治發展有興趣的一般讀者閱讀。